艺术之最高成绩,荟萃于一痕一纹之间,任何刀削雕琢,平畅流丽,全不带烟火气。

图文版

佛像的历史

梁思成 著
林洙 编

中国青年出版社

目录

001/
前言

雕塑，像建筑一样，在中国也未获得应有的承认，我们知道大画家的名字，但雕塑家都默默无闻。

005/
中国早期的雕塑

006/
佛像的由来

桓帝笃信浮图，延熹八年，于宫中铸老子及佛像，设华盖之座，奏郊天之乐，亲祀于濯龙宫。此中国佛像之始也。

007/
南北朝

自南北朝而佛教始盛，中国文化，自有史以来，曾未如时变动之甚者也。

南朝
北朝
元魏——云冈石窟

北魏——龙门石窟

北齐、北周
北齐——天龙山石窟

北周造像

077/
隋

杨隋帝业虽只二代，匆匆数十年，然实为我国宗教雕刻之黄金时代。其时环境最宜于佛教造像之发展，而其技艺上亦已臻完善，可以随心所欲以达其意。

091/
唐

佛像之表现仍以雕像为主，然其造像之笔意及取材，殆不似前期之高洁。日常生活情形，殆已渐渐侵入宗教观念之中，于是美术，其先完全受宗教之驱使者，亦与俗世发生较密之接触。

龙门石窟

各地雕塑造像

唐代雕塑的兴衰

宋代雕塑最突出之点是脸部浑圆，额头比以前宽，短鼻，眉毛弧形不显，眼上皮更宽，嘴唇较厚，口小，笑容几乎消失，颈部处理自然，自胸部伸出，支持头颅，与头胸之间没有分明的界线。

○ **宋、辽、金** 217/
各地雕塑造像

元代，喇嘛教从西藏传入中原，该教派的雕塑匠人也来了。明、清两代是中国雕塑史上可悲的时期。这个时期的雕像，一没有汉代的粗犷；二没有六朝的古典妩媚；三没有唐代的成熟自信；四没有宋代的洛可可式优雅。雕塑者的技艺蜕变为没有灵气的手工劳动。

○ **元、明** 275/
各地雕塑造像

○ **梁思成的生平** 293/

前 言

　　1946年梁思成应美国耶鲁大学之邀赴美讲学。1947年美国普林斯顿大学建校200周年纪念，举办了一系列学术活动，邀请梁思成担任"远东社会与文化"研讨会的负责人。在这次会议上他作了"建筑发现"与"唐宋雕塑"两个学术报告，是与会学者中唯一同时发表两篇论文的学者。就在这次会议上他首次将四川大足的雕塑艺术介绍给国际学术界，引起了很大反响。

　　1947年他回国，在上海见到他的挚友陈植先生时说他准备写一本《中国雕塑史》。梁公对中国雕塑极为热爱，亦有很深的造诣，早在1930年他就在东北大学建筑系讲授过"中国雕塑史"这门课。但是那时他还没有去过云冈和龙门，讲课所用的图片绝大部分都是引自国外学者的著作。直到20世纪30～40年代，他亲自考察了云冈、龙门、南北响堂山、天龙山、大足及四川大量的摩崖石刻，并对他调查的古建筑中的佛像反复琢磨。从古建筑中佛像塑造手法及风格的鉴别，来佐证庙宇建造的年代，亦或根据庙宇建造的时期判断佛像的古老程度。他对这些雕塑作了深入的研究，有了他自己独到的见解。1947年他在美国普林斯顿大学作的"唐宋雕塑"的学术报告当是他关于中国雕塑较全面系统的论述。

　　但我在他的遗稿中始终未见到"唐宋雕塑"的论文稿件。

　　"文化大革命"期间，红卫兵对他进行了严厉的批判，也就在这个时期他对自己的学术思想、人生观作了彻底的清理。他在自己的学术思想中作了多么痛苦的挣扎，他是那么真诚，对所有的批评都是认真思考，不能想象他这个在旧社会生活了大半辈子的人还保持着这么纯洁的童心。但是最后他更加痛苦地告诉我："如果现在再让我重头学习一遍建筑，我还是会得出相同的结论。"那时我更关心的是他的健康，我随时都在红卫兵把他从我的生活中撕裂开去的恐怖中挨过。就是在这样的苦难中我更清晰地认识了他，也更深地理解了他的学术思想。

我们的住房也一天比一天缩小，直到有一天通知我们全家搬到北院14号一间25平方米的房子中去。我傻了，25平方米，我们全家5口人，一人一床就得占去10平方米，其他如火炉、桌椅、箱柜、锅碗瓢盆怎么处理？我无奈地整理着必须用的衣物、书籍，当我在整理书架时，一夹图片散了下来，我定睛一看，原来是他在美国为写《中国雕塑史》时收集的散落在国外的中国历代雕塑的图片。思成正在写检查，听到响声回头一看，他的眼睛立刻从茫然的神态中放出了光芒，急忙拾起掉在地上的图片对我说："眉眉你看那多（美啊）……""美"字刚要说出来又咽了回去，因为"美"在当时是犯忌讳的字。看到他在接受严厉的批判时，仍然对祖国的传统雕塑如此倾心，我被他的这种激情所感动。想起平时他一直想写一本《中国雕塑史》的愿望，我并不理解，也不支持，因为"大屋顶"的批判对我来说记忆犹新，我生怕又会惹出什么乱子，意识形态的东西最好不要去碰。但此时此刻的我却对他有了进一步的理解，他的思想里含着多少美好的东西，为什么不让大家来分享呢？

但是晚了，他的健康每况愈下，终于离开了我们。从看到散落在地上的雕像图片起我就时时想到他还没有动笔写的《中国雕塑史》。20世纪90年代我曾委托台湾的两位学者到普林斯顿大学去查找他在1947年在该校所作"唐宋雕塑"的报告文稿，但均未能查到。

1947年他曾为美国大百科全书写过《中国的艺术与建筑》一文，用极简洁清晰的语言阐述了中国雕塑的历史源流及各时代的特点，因限于篇幅，没有展开论述更没有条件结合实例来介绍，这是非常可惜的。这篇《中国的艺术与建筑》中的雕塑部分应当是先生准备写雕塑史的纲。因此我依据先生的雕塑篇的文字，配上当年先生拍摄收集的图片及有关论述整理成这本小书奉献给读者，先生涉及的雕塑范围很广，包括金石玉器陶瓷……等等。限于本人水平，仅侧重于佛像雕塑的整理，错误在所难免，万望读者见谅。

林 洙

2009年元月

中国早期的雕塑

雕塑，像建筑一样，在中国也未获得应有的承认，我们知道大画家的名字，但雕塑家都默默无闻。

最早的雕塑是在安阳商朝的墓葬中发现的。猫头鹰、老虎和乌龟是常见的雕刻母题（motif），也偶有人的形象，那些大理石作品都是圆雕，有些就是建筑部件。表面装饰同那个时代的青铜器的纹样相同。石雕和青铜器在装饰纹样、基本形体和气质方面是一致的。出土的铜面具有的是饕餮①，有的是人形。它们都铸造得很好。

公元前500年前后，青铜器开始以人和动物形体的圆雕做装饰题材。初时人像是正面跪姿，严格按照"正面律"制作。不久，艺术摆脱束缚去表现动作。总的看，人物造型矮而且呆板，而动物造型见出刀凿的运作精准有致，这是基于对自然的准确观察。

到汉代，雕塑在建筑上的重要性增加了。室内墙壁上有浮雕装饰，这可以从许多汉墓祭室中得到印证。尤如山东嘉祥武氏墓群，人和动物（狮、羊、吐火兽）的圆雕成对地排列在通往墓室、宫庙的大路两旁。山东曲阜的人像非常呆拙、粗糙、模糊一团，只大致有点像人形，而兽像则造型优美，雄壮而有生气。狮子和吐火兽常常有翼（考虑到中国早期建筑不用人像和兽雕保卫大门，这一做法很可能是在与北方和西方蛮族接触中从西亚传来的）。四川发现的汉阙常有鸟、龙、虎的浮雕，它们是装饰雕刻的上品。

① 饕餮：传说中的一种贪残怪兽，古代钟鼎器皿上多刻其头部形状用为装饰。

佛像的由来

佛像虽于明帝时传入中国,然而未即传播,东汉之世,可称其最初潜伏期。至桓帝笃信浮图,延熹八年,于宫中铸老子及佛像,设华盖之座,奏郊天之乐,亲祀于濯龙宫。此中国佛像之始也。

按佛教原非礼拜偶像之教。佛灭度后甚久,尚无礼拜佛像之风。虽有塔庙讲堂等建筑,然塔则以纳舍利子,庙则以安塔。建筑中有画雕佛传及本行图,然其观念非如后之佛像也。明帝以后,至公元后一世纪(汉和帝时)健① 陀罗古建筑中始见佛像雕刻,是为造像之始,盖深受希腊影响者也。此后三四百年间,健陀罗佛像传世者甚多。而中国受健陀罗美术影响尤重也。

南北朝时,佛教盛行,人像雕刻多起来。有一些5世纪的小佛像留传下来。第一批重要的纪念性雕像见于大同云冈,大同是北魏(公元386~534年)第一个首都。

① 「健」,近年译文作「犍」。梁先生撰此文时尚无标准译名,在下篇论文中,作者已改用「犍」字。——傅熹年注

南北朝

自南北朝而佛教始盛,中国文化,自有史以来,曾未如此时变动之甚者也。

南朝

自南北朝而佛教始盛，中国文化，自有史以来，曾未如此时变动之甚者也。自一般人民之思想起，以至一物一事，莫不受佛教之影响。而艺术者一时代一民族之象征，其变动之甚，尤非以前梦想所及者。在雕塑上，至第五世纪，已渐受佛教之浸融，然其来也渐。在此新旧思想交替之时，在政治历史上已入刘宋萧梁，而佛教尚未握人生大权之际，有少数雕刻遗物为学者所宜注意者。其大多数皆为陵墓上之石兽，多发现于南京附近。南京为南朝帝都，古称建业，宋、齐、梁、陈皆都于此。附近陵墓即其帝王陵墓也。陵墓在今南京附近，江宁、句容、丹阳等县境内，共约十余，其坟堆皆已平没，然其中柱、碑、翁仲等等尚多存在者。瑞典学者喜龙仁（Siren）所著《中国雕刻》言之甚详。

其中最古者为宋文帝陵，在梁朝诸陵之东。宋陵前守卫之二石兽，其一尚存，然头部已残破不整。其谨严之状，较后代者尤甚，然在此谨严之中，乃露出一种刚强极大之力，其弯曲之腰，短捷之翼，长美之须，皆足以表之。中国雕刻遗物中，鲜有能与此赑屃①比刚斗劲者。

萧梁诸墓刻，遗物尤多。始兴忠武王萧憺（公元522年薨）碑，碑头螭首，颇似汉碑（图001）。吴平忠侯萧景及安成康王萧秀，俱卒于普通年间，故其墓刻俱属同时（公元6世纪初），形制亦同（图002）。其石兽长约九尺余，较宋文帝陵石兽尤大，然刚劲则逊之。其姿势较灵动，头仰向后，胸膛突出。此兽形状之庄严，全在肥粗之颈及突出之胸。其头几似由颈中突出，颈由背上伸如瓢，而头乃出自瓢中也。其口张牙露，舌垂胸前，适足以增胸颈曲线之动作姿势。其身体较细，无突起之筋肉，然腰部及股上曲线雕纹，适足以表示其中蕴藏无量劲力者。

① 赑屃：传说中的一种动物，像龟。旧时大石碑的石座多雕刻成赑屃形状。

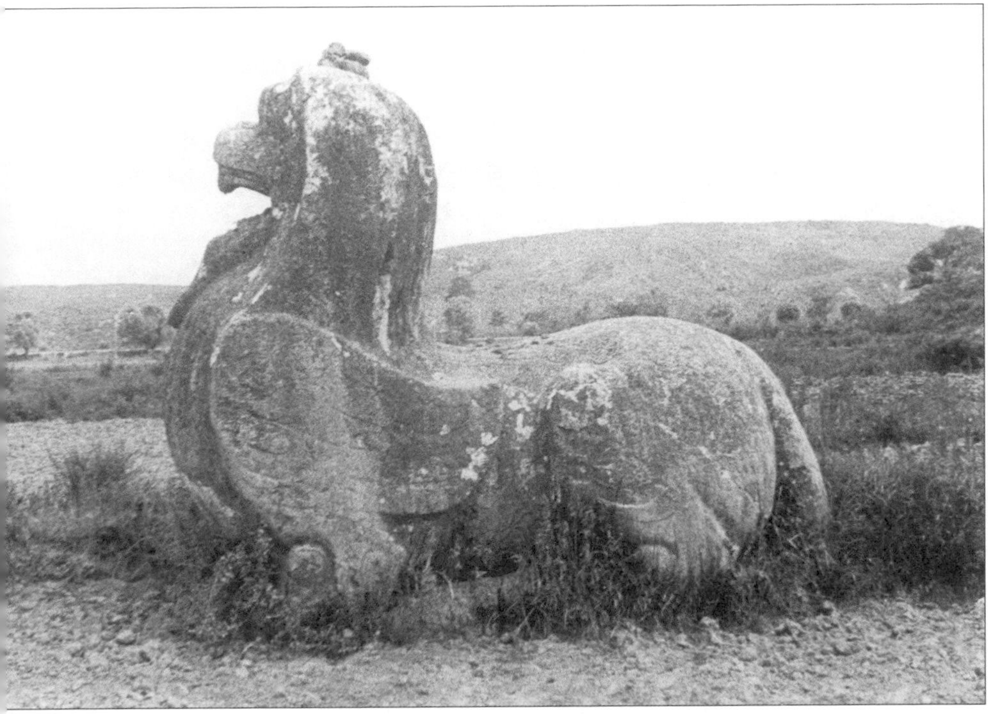

001

002

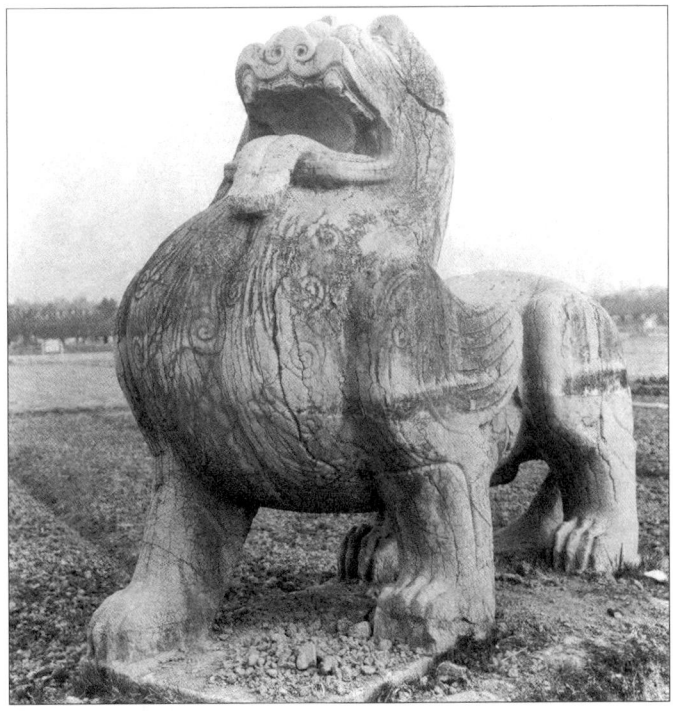

图001南京始兴忠武王萧憺墓石兽

图002南京梁吴平忠侯萧景墓石兽

由其形式上观之，此石狮与山东嘉祥县汉武氏祠狮实属一系统，不过在雕饰方面，较汉狮为发达耳。

然此汉狮、梁狮，皆非写实作品，其与真狮相似之点极少。其形体纯属理想的，其实为狮为虎，抑为麒麟，实难赐以真名也。今此石狮及碑柱，多半埋于江南稻田中，遥望只见其半，其中数尊已于数年前盗卖美洲，现存彭省大学美术馆。其他数件之命运如何，则不敢预言也。

南朝造像现存者极少。就中最古者为陶斋（端方）旧藏元嘉十四年（公元437年）铜像。高约一尺三寸。两肩覆袈裟，颇似健陀罗佛像。然在技术上毫无印度风。其面貌姿态乃至光背之轮廓皆为中国创作，盖戴安道所创始之南朝式也（图003）。

美华盛顿 Freer Gallery ① 藏元嘉二十八年铜像一躯。光背作叶状，上镌火焰纹，而有三小佛浮起（图004）。大致与元嘉十四年像同。

当时，戴安道之子名颙者，字仲若，肖其父，长于才巧，精雕塑。安道作像，仲若常参虑之。仲若作品之见于记载者颇多。济阳江夷与仲若友善，为制弥勒像，后藏会稽龙华寺。又修治绍灵寺及瓦棺寺丈六金像二躯。又作丈六金像于蒋州兴皇寺，隋开皇间寺灾，迁像洛阳白马寺。此外戴氏父子制像颇多，然实物乃无一存焉。

① 现译名为佛利尔美术馆（Freer Gallery of Art,Washington）。——傅熹年注

003
004

图003 南朝元嘉十四年造佛铜像
图004 南朝元嘉二十八年造佛铜像（美国华盛顿佛利尔美术馆藏）

北朝

。

。

。

元魏——云冈石窟

起源

在元魏治下，佛教皆为帝王所提倡，故在此时期间，造像之风甚盛。然其发展，非尽坦途。

北魏太武帝（公元424～452年）初信佛教，常与高德沙门谈论佛法。四月八日，诸寺輦像游行广衢，帝亲御门楼，瞻观散花，以致敬礼。此实为魏行像之滥觞。然帝好老庄，晨夕讽味，富于春秋，锐志武功。虽归宗佛法，敬重沙门，然未观经教，未深求缘报之旨。信嵩山道士寇谦之术。司徒崔浩，尤恶佛法，尝语帝以佛法之虚诞，帝益信之。太平真君五年诏王公以至庶人，家有私养沙门、师巫及金银巧匠者，限期逐出，否则沙门师巫身死，主人门诛。既而帝入寺中，见沙门饮酒，又见其室藏财物弓矢及富人寄藏物，忿其非法。时崔浩亦从在侧，因更进其说，遂于太平真君七年（公元446年）三月，诏诸州坑沙门，凡有佛像及胡经者亦尽焚毁。太子晃信佛，再三谏弗听，然幸得暂缓宣诏，俾远近得闻，各自为计。故沙门经像亡匿多得幸免。然塔庙及大像，无复孑遗。

太武帝被弑后，文成帝即位，诏复佛法，自真君七年，至此，凡七年间，魏境造像完全屏息。

物极则反，复法之后，建寺造像之风又盛。遂命诸州郡，限其财用，各建佛图。往时所毁并皆修复，藏匿经像遂复出世。至献义帝（公元466～471年）竟有舍身佛道，摒弃尊位之行为。其对于寺观之兴筑及佛像之塑造盖极提倡也。

我国雕塑史即于此期间放其第一次光彩。即大同云冈石窟之建造是也。

但是或因两个极简单的原因，这云冈石窟的雕刻，除掉其在宗教意义上，频受人民香火，偶遭帝王巡幸礼拜外，十数世纪来直到近三十余年前，在这讲究金石考古学术的中国里，却并未有人注意及之。

我们所疑心的几个简单的原因，第一个浅而易见的，自是地处边僻，交通不便；第二个原因，或是因为云冈石窟诸刻中，没有文字，窟外或崖壁上即使有，如《续高僧传》中所称之碑碣，却早已漫没不存痕迹，所以在这偏重碑拓文字的中国金石学界里，便引不起什么注意；第三个原因，是士大夫阶级好排斥异端，如朱彝尊的云冈石佛记，即其一例，宜其湮没千余年，不为通儒硕学所称道。

近人中，最早得见石窟，并且认识其在艺术史方面的价值和地位、发表文章、记载其雕饰形状、考据其兴造年代的当推日人伊东①和新会陈援庵先生②，此后专家作有统系的调查和详细摄影的，有法人沙畹（Ed. chavannes）③、日人关野贞、小野④诸人，各人的论著均以这时期因佛教的传布，中国艺术固有的血脉中，忽然渗杂旺而有力的外来影响，为可重视。且西域所传入的影响，其根苗可远推至希腊古典的渊源，中间经过复杂的途径，迤逦波斯，蔓延印度，更推迁至西域诸族，又由南北两路健陀罗及西藏以达中国。这种不同文化的交流濡染，为历史上最有趣的现象，而云冈石刻便是这种现象，极明晰的实证之一种，自然也就是近代治史者所最珍视的材料了。

① 伊东：即伊东忠太，著有《北清建筑调查报告》，见《建筑杂志》第一八九号。——作者注
② 陈援庵：即陈垣，《山西大同武州山石窟寺记》。——作者注
③ Edouard Chavannes: Mission archeologique laChine Septentrionale.——作者注
④ 小野：即小野玄妙，《极东之三大艺术》。——作者注

南派与北派

根据着云冈诸窟的雕饰花纹的母题及刻法，佛像的衣褶容貌及姿势（图005、006），断定中国艺术约莫由这时期起走入一个新的转变，是毫无问题的。以汉代遗刻中所表现的一切戆直古劲的人物车马花纹（图007～009），与六朝以还的佛像饰纹、浮雕的草叶、璎珞、飞仙等等相比较，则前后判然不同的倾向，一望而知。仅以刻法而论，前者简单冥顽，后者在质朴中，忽而柔和生动，更是相去悬殊。

但云冈雕刻中，"非中国"的表现甚多，或明显承袭希腊古典宗脉，或繁复地掺杂印度佛教艺术影响，其主要各派元素多是囫囵包并，不难历历辨认出来的。因此又与后魏迁洛以后所建伊阙石窟，即龙门诸刻稍不相同。以地点论，洛阳伊阙已是中原文化中心所在，以时间论，魏帝迁洛时，距武州凿窟已经半世纪之久，此期中国本有艺术的风格，得到西域袭入的增益后，更是根深蒂固，一日千里，反将外来势力积渐融化，与本有的精神冶于一炉。

云冈雕刻既然上与汉刻迥异，下与龙门相较又有很大差别，其在中国艺术史中，故自成一特种时期。近来中西人士对于云冈石刻更感兴趣，专诚到那里谒拜鉴赏的，便成为常事，摄影翻印，到处可以看到。

石窟寺之营造，源于印度（印度大概又受埃及波斯遗物影响），而在西域，如龟兹①、敦煌，已于云冈开凿以前约一百年开始。故昙曜②当时并非创作，实有蓝本。

石窟总数二十余，其大者深入约七十尺，浅者仅数尺。其山石皆为沙石，石窟即凿入此石山而成者。除佛像外，尚有圣迹图及各种雕饰。石质松软，故经年代及山水之浸蚀，多已崩坏。今存者中最完善者，即受后世重修最甚者，其实则在美术上受摧残最甚者也。

云冈雕刻，其源本来自西域，乃无疑义。然传入中国之后，遇中国周秦两汉以来汉民族之传统样式，乃从与消化合

① 龟兹：古代西域国名，在今新疆库车县一带。

② 昙曜：北魏年间的一位高僧，由他主持开凿的五所石窟，被称为『昙曜五窟』。

图005云冈十一窟造像

图006云冈十一窟造像

007	008
009	

图007~009汉武梁祠画像石，表现出汉代戆直古劲的雕塑手法

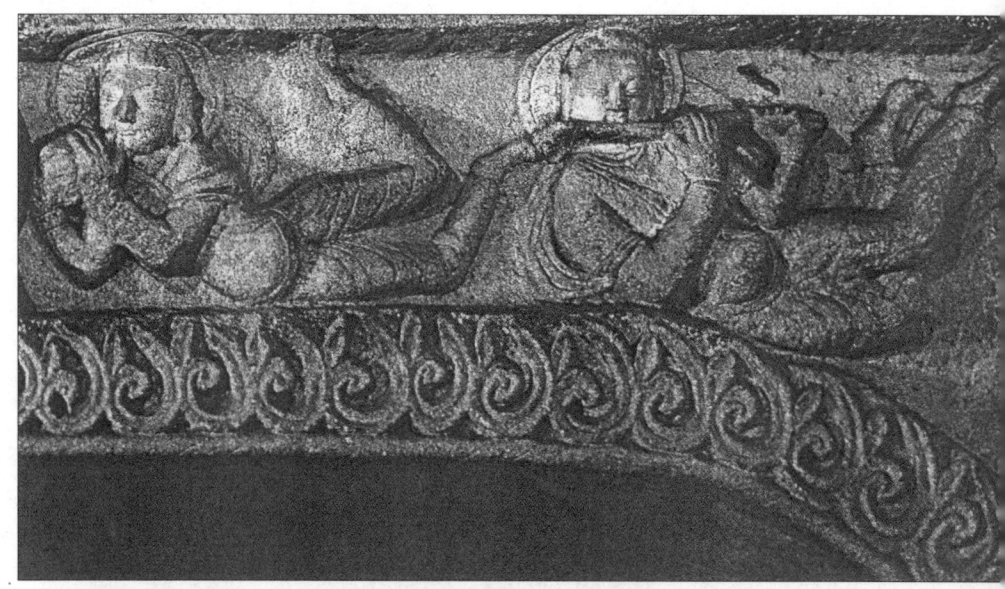

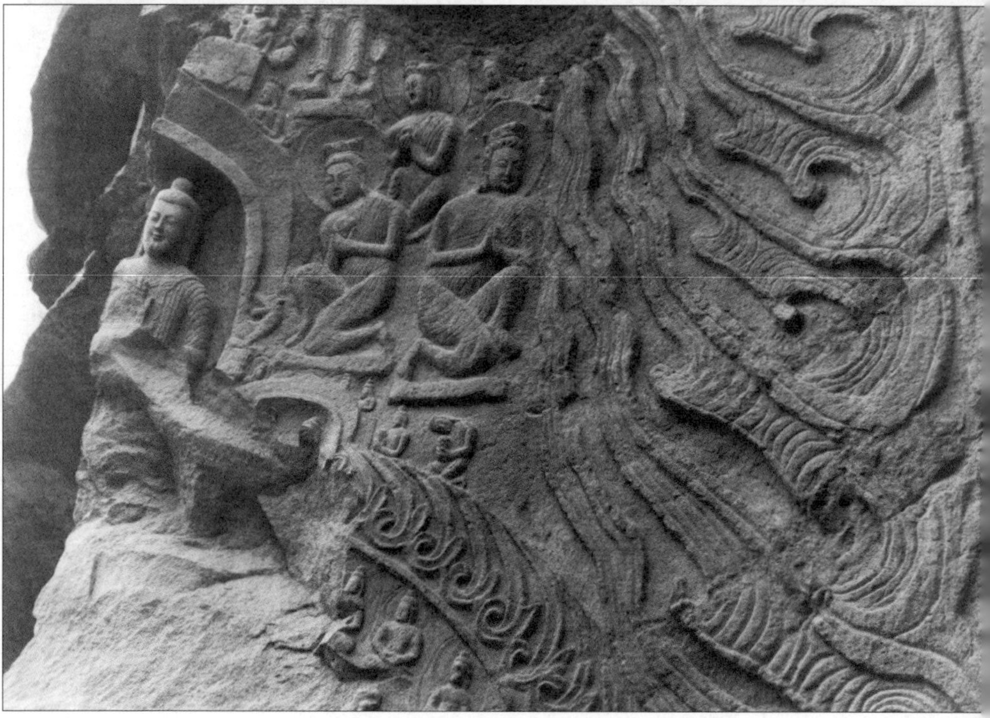

010

011

图010、011云冈石窟龛眉上之莨苕叶，由希腊而来

| 012 |
| 013 |

图012、013 云冈石窟龛眉飞天手中所挽的花圈,由希腊而来,略有不同之处在于希腊花圈为花与叶编成,而我则用宝珠贵石穿成

图014云冈第九窟后宫明窗顶部上大莲花及其四周飞绕之飞天，亦为北印中印本有

图015云冈石窟窟眉之飞天

图016 云冈石窟窟眉之飞天,与汉刻中鱼尾托云的神话人物,则又显然同一根源

图017 云冈石窟藻井之飞天

018	019
020	021

图018、019云冈石窟旁塔顶之相轮,则纯粹为印度的风格
图020、021云冈第十窟中爱奥尼克式柱头,古希腊的建筑有五种传统柱式的做法,爱奥尼克式为其中之一。在云冈见到此种柱式,印证了云冈石刻承袭了希腊古典宗脉

图022、023 云冈第十二窟中的莲瓣

冶于一炉。其后更经法显与其他高僧之留学印度，商务上与印度之交通，故受印度影响益深而进步益甚。云冈初凿虽在北魏，然其规模之大，技巧之精，非一朝一夕所养成也。

云冈雕饰中如环绕之莨苕叶（Acanthus）（图010、011）。飞天手中所挽花圈，皆希腊所自来，所稍异者，唯希腊花圈为花与叶编成，而我则用宝珠贵石穿成耳（图012、013）。顶棚上大莲花及其四周飞绕之飞天（图014～017），亦为北印中印本有。又如半八角拱龛以不等边四角形为周饰，为健陀罗所常见，而浮雕塔顶之相轮，则纯粹印式之窣堵坡也（图018、019）。尤有趣者，如古式爱奥尼克式柱首，及莲花瓣，则皆印译之希腊原本也。此外西方雕饰不胜枚举，不赘（图020～023）。

不唯雕饰为然也，即雕饰间无数之神像亦多可考其西方本源者，其尤显者为佛籁洞[1] 拱门两旁金刚手执之三义武器，及其上在东之三面八臂之涅婆天像[2]，手执葡萄、弓、日等骑于牛上。其西之毗纽天像，五面六臂，骑金翅鸟，手执鸡、弓、日、月等，鸟口含珠。即此二者已可作云冈石窟西源之证矣（图024～027）。

佛像中之有西方色彩可溯源求得者亦有数躯，则最大佛像数躯是也。此数像盖即昙曜所请凿五窟之遗存者。在此数窟中，匠人似若极力模仿佛教美术中之标准模型者，同时对一己之个性尽力压抑。故此数像其美术上之价值乃远在其历史价值之下。其面貌平板无味，绝无筋肉之表现。鼻仅为尖脊形，目细长无光，口角微向上以表示笑容，耳长及肩。此虽号称严依健陀罗式，然只表现其部分，而失其庄严气象。乃至其衣褶之安置亦同此病也。其袈裟乃以软料作，紧随身体形状，其褶纹皆平行作曲线形。然贴身极紧似毛织绒衣状，吾恐云冈石匠，本未曾见健陀罗原物，加之以一般美术鉴别力之低浅，故尤甚精彩也（图028～038）。

此种以外，云冈石像尚别有作风与大佛大不同者。年代较后，或匠人来自异地，俱足以致之。此种另一作风，佛身

[1] 今编号第八窟。——陈明达注
[2] 据《中国石窟·云冈石窟Ⅰ》，今称鸠摩罗天。——傅熹年注

较瘦，袍带长重，其衣褶宽平，被于身上或臂上如带，然后自身旁以平行曲线下垂，下部则作尖错形。其中有极似鸟翅伸张者，盖佛自天飞降之下意识之表象欤。其与印度细密褶纹，两相悬殊。如二极端。其内蕴藏无限力量，唯曾临魏碑者能领略之（图005、006，图039、040）。

由此观之，云冈佛像实可分为二派，即印度（或南派）与中国（或北派）是也。所谓南派者，与南朝遗像袈裟极相似，而北派则富于力量，雕饰甚美。此北派衣褶，实为我国雕塑史中最重要发明之一，其影响于后世者极重。我古雕塑师之特别天才，实赖此衣褶以表现之（图041~043）。

我国佛教雕塑中最古者，其特征即为极简单有力之衣褶纹。其外廓如紧张弓弦，其角尖如翅羽，在此左右二翼式衣裙之间，乃更有二层或三层之衣褶，较平柔而作直垂式。然此种衣纹，实非有固定版式者，亦因地就材而异，粗软之石自不能如坚细石材之可细刻，或因其像大小而异其衣褶之复简。总而言之，沿北魏全代，其佛像无不具此特征者。然沿进化之步骤，此刚强之刀法亦随时日以失其锋芒，故其作品之先后，往往可以其锋芒之刚柔而定之（图044、045）。

至于其面貌，则尤易辨别。南派平板无精神（图029~032）。而北派虽极少筋肉之表现，然以其筒形之面与发冠，细长微弯之眉目，楔形（Wedge Shaped）之鼻，小而微笑之口，皆足以表示一种庄严慈悲之精神。此云冈石窟雕刻之所以能在精神方面占无上位置也（图039、041、042、046~048）。

图024、025 云冈无数神像亦多可考其西方本源，如云冈佛籁洞洞口之湿婆天像

图026、027 云冈佛籁洞洞口之毗纽天像,此天像与涅婆天像可作云冈石窟西源之证也

图028 梁思成、刘敦桢、林徽因在去云冈石窟的路上

| 029 | 图029 云冈最大的佛像,是南派风格的代表,匠人似若极力模仿佛教美术中之标准模型者,同时对一己之个性尽力压抑。故此数像其美术上之价值乃远在其历史价值之下 |

图030～032云冈最大的佛像

033	034
035	036

037

038

图033~038云冈早期的佛像

图039 云冈第十一窟胁侍菩萨，北派佛像之杰作
图040 云冈窟窗下群佛衣裙作鸟翅伸张状

图041 云冈第二十七窟造像
图042 云冈第十九窟西洞造像

图043云冈佛像之衣褶,此北派衣褶,实为我国雕塑史中最重要发明之一,其影响于后世者极重

图044、045手绘云冈佛像衣褶比较图

046	
047	048

图046、047云冈后期小佛窟
图048云冈佛像群

石刻的飞仙

飞仙雕刻亦如佛像，有上面所述两大派别：一为摹仿，以印度像为模型；一为创造，综合摹仿所得经验，与汉族固有趣味及审美倾向，作新的尝试。

这两种时期距离并不甚远，可见汉族艺术家并未奴隶于摹仿，而印度健陀罗刻像雕纹的影响，只作了汉族艺术家发挥天才的引火线。

洞内外壁画与藻井及佛后背光上，多刻有飞仙，作盘翔飞舞的姿势，窈窕活泼，手中或承日月宝珠，或持乐器，有如基督教艺术中的安琪儿。飞仙的式样虽然甚多，大约可分两种，一种是着印度湿褶的衣裳而露脚的（图026），一种是着短裳曳长裙而不露脚，裙末在脚下缠绕后，复张开飘扬的（图015、016），两者相较，前者多肥笨而不自然，后者轻灵飘逸，极能表出乘风羽化的韵致，尤其是那开展的裙裾及肩臂上所披的飘带，生动有力，迎风飞舞，给人以回翔浮荡的印象。

从要考研飞仙的来源方面来观察它们，则我们不能不先以汉代石刻中与飞仙相似的神话人物（图007）和印度佛教艺术中的飞仙，两相较比着看。结果极明显的，看出云冈的露脚、肥笨、作跳跃状的飞仙，是本着印度的飞仙摹仿出来的无疑，完全与印度飞仙同一趣味。而那后者，长裙飘逸的，有一些并着两腿，望一边曳着腰身，裙末翘起，颇似人鱼，与汉刻中鱼尾托云的神话人物，则又显然同一根源（图016）。后者这种屈一膝作猛进姿势的，加以更飘散的裙裾，多脱去人鱼形状，更进一步，成为最生动灵敏的飞仙，我们疑心它们在云冈飞仙雕刻程序中，必为最后最成熟的作品。

天龙山石窟飞仙中之佳丽者，则是本着云冈这种长裙飞舞的，但更增富其衣褶，如腰部的散褶及裤带。肩上飘带，在天龙山的，亦更加曲折回绕，而飞翔姿势，亦愈柔和浪漫。每个飞仙加上衣带彩云，在布置上，常有成一圆形图案者（图049）。

曳长裙而不露脚的飞仙，在印度西域佛教艺术中俱无其例，殆亦可注意之点。且此种飞仙的服装，与唐代陶俑美人甚似，疑是直接写真当时女性服装。

飞仙两臂的屈伸，颇多姿态，手中所持乐器亦颇多种类，计所见有如下各件：

鼓⬚状，以带系于项上，⬚腰鼓，笛笙，琵琶，筝，⬚⬚（类外国harp）⬚但无钹。其他则常有持日、月、宝珠及散花者。

总之飞仙的容貌仪态亦如佛像，有带浓重的异国色彩者，有后期表现中国神情美感者。前者身躯肥胖，权衡短促，服装简单，上身几全袒露，下裳则作印度式短裙，缠结于两腿间，粗陋丑俗。后者体态修长，风致娴雅，短衣长裙，衣褶简而有韵，肩带长而回绕，飘忽自如，的确能达到超尘的理想。

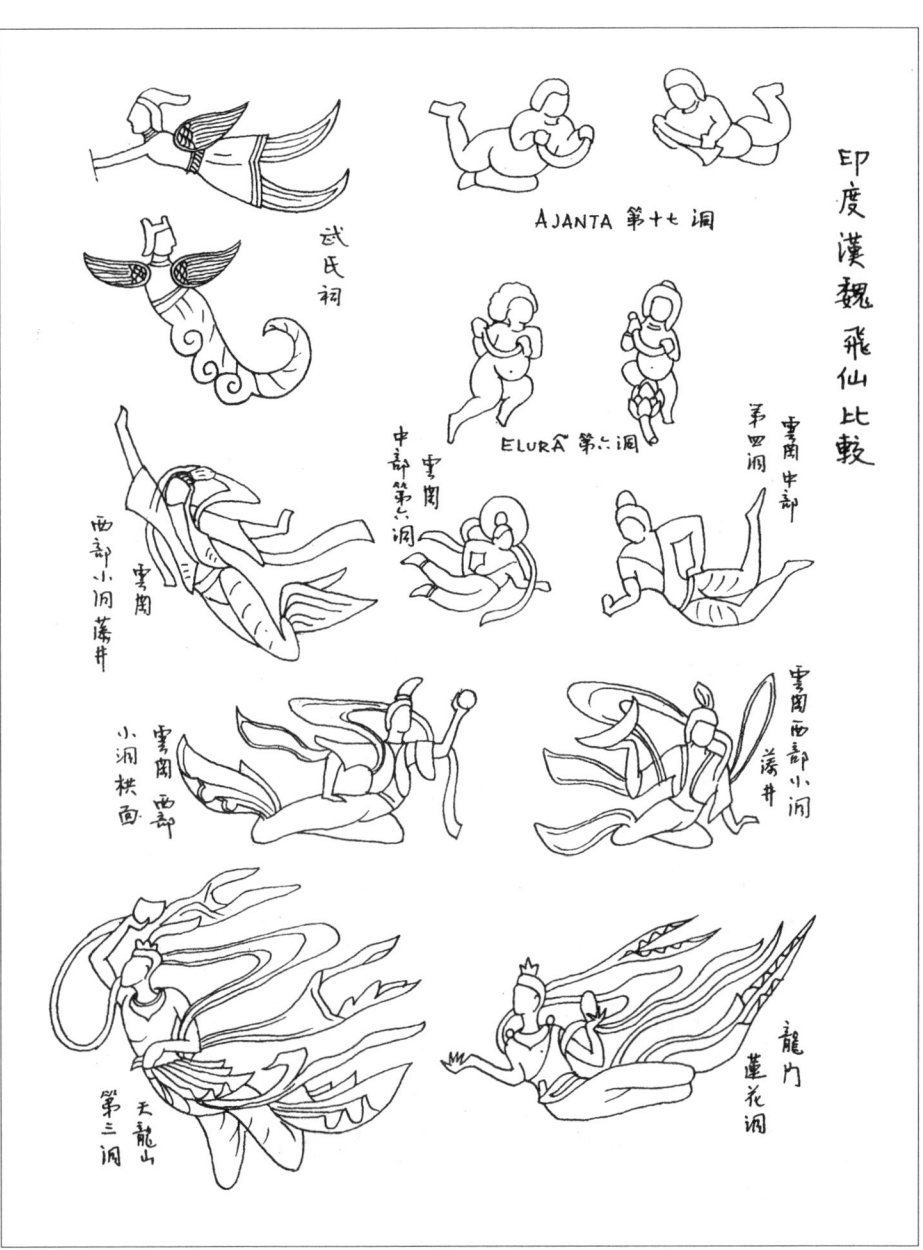

图049 手绘的印度汉魏飞仙比较图

云冈石刻中装饰花纹及色彩

装饰花纹在云冈所见，中外杂陈，但是外来者，数量超过原有者甚多。观察后代中国所熟见的装饰花纹，则此种外来的影响势力范围极广。殷周秦汉金石上的花纹，始终不能与之抗衡。

云冈石刻中的装饰花纹种类奇多，而十之八九，为外国传入的母题及表现（图050、051）。其中所示种种饰纹，全为希腊的来源，经波斯及健陀罗而输入者，尤其是回折的卷草，根本为西方花样之主干，而不见于中国周汉各饰纹中。但自此以后，竟成为中国花样之最普通者，虽经若干变化，其主要左右分枝回旋的原则，仍始终固定不改。

希腊所谓acanthus叶，本来颇复杂，云冈所见则比较简单。日人称为忍冬草，以后中国所有卷草，如西番草、西番莲草则全本源于回折的acanthus花纹。

图中所示的"连环纹"，其原则是每一环自成一组，与他组交结处，中间空隙，再填入小花样。初望之颇似汉时中国固有的绳纹，但绳纹的原则，与此大不相同，因绳纹多为两根盘结不断，以绳纹复杂交结的本身，作图案母题，不多借力于其他花样。而此种以三叶花为主的连环纹，则多见于波斯希腊雕饰。

佛教艺术中所最常见的莲瓣，最初无疑根源于希腊水草叶，而又演变而成为莲瓣者。但云冈石刻中所呈示的水草叶，则仍为希腊的本来面目，则当时由健陀罗直接输入的装饰。同时佛座上所见的莲瓣，则当时从中印度随佛教所来，重要的宗教饰纹，其来历却又起源于希腊水草叶者。中国佛教艺术积渐发达，莲瓣因为带着象征意义，亦更兴盛，种种变化及应用，叠出不穷，而水草叶则几绝无仅有，不再出现了。

其他饰纹如璎珞（beads）、花绳（garlands）及束苇（reeds）等，均为由健陀罗传入的希腊装饰无疑。但尖齿形之幕沿装饰，则绝非希腊式样，而与波斯锯齿饰或有关系

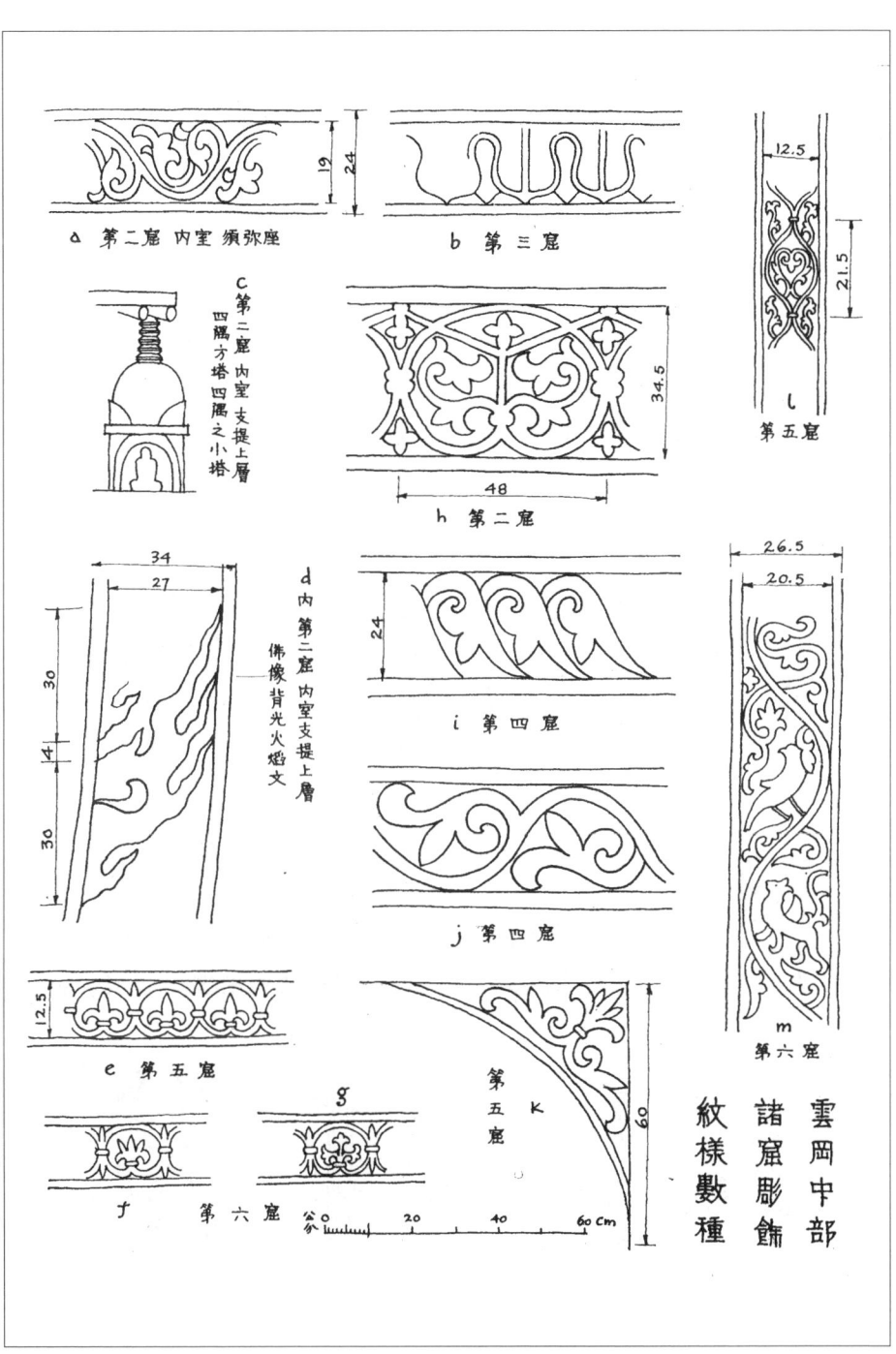

图050 手绘的云冈中部诸窟雕饰纹样数种

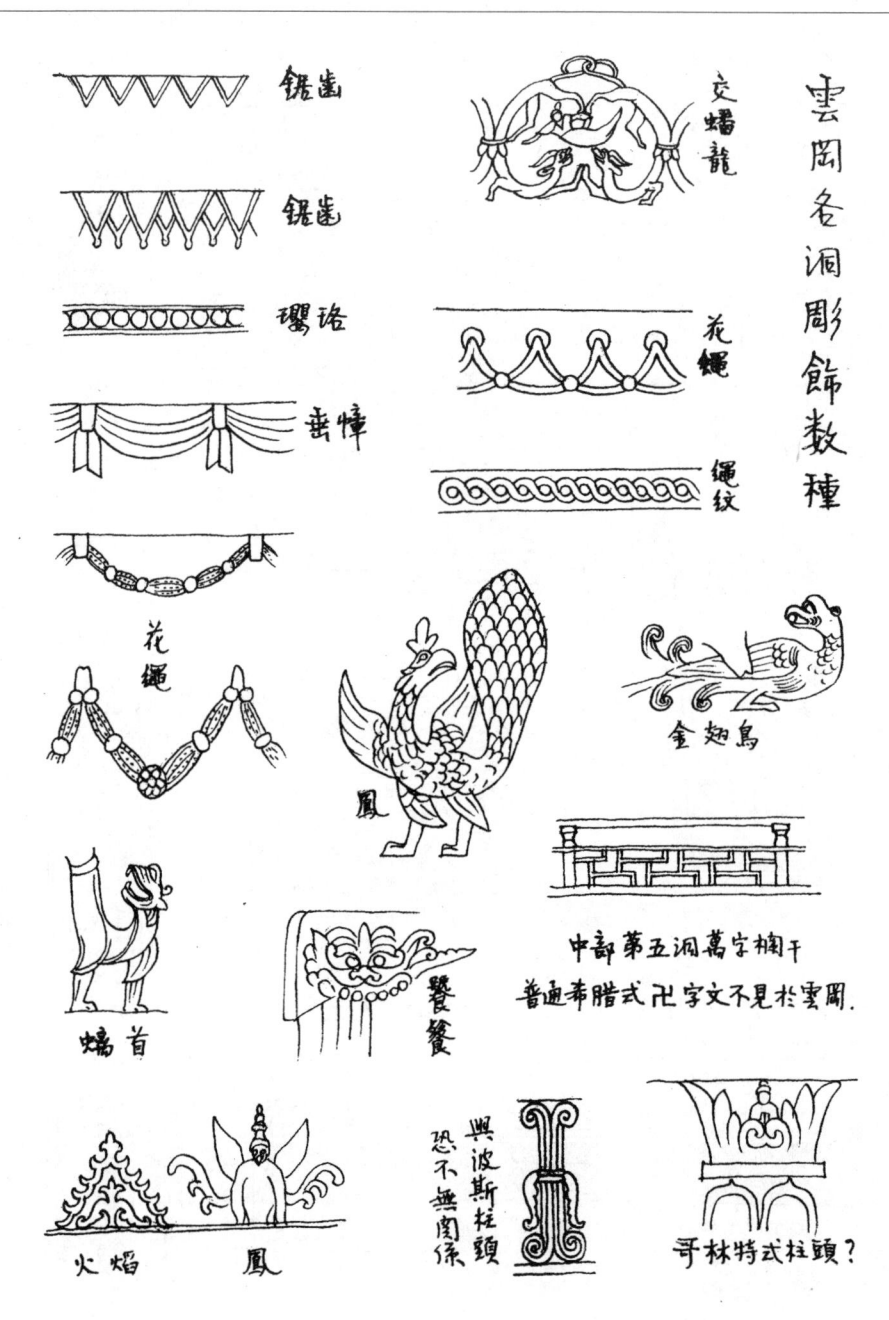

图051 手绘的云冈各洞雕饰数种

（图051）。真正万字纹未见于云冈石刻中，偶有万字勾栏，其回纹与希腊万字纹，却绝不相同。水波纹亦偶见，当为中国固有影响。

以兽形为母题之雕饰，共有龙、凤、金翅鸟（Garuda）、螭首、正面饕餮、狮子，这些除金翅鸟为中印度传入，狮子带着波斯色彩外，其余皆可说是中国本有的式样，而在刻法上略受西域影响（图051）。

汉石刻砖纹及铜器上所表现的中国固有雕纹，种类不多，最主要的如雷纹、斜线纹、斜方格、斜方万字纹、直线或曲线的水波纹、绳纹、锯齿、乳、箭头叶、半圆弧纹等，此外则多依赖以鸟兽人物为母题的装饰，如青龙、白虎、饕餮、凤凰、朱雀及枝柯交纽的树，成列的人物车马及打猎时奔窜的犬鹿兔豕等等。

对汉代或更早的遗物有相当认识者，见到云冈石刻的雕饰，实不能不惊诧北魏时期由外传入崭新花样的数量及势力。盖在花纹方面，西域所传入的式样，实可谓喧宾夺主，从此成为十数世纪以来，中国雕饰的主要渊源。继后唐宋及后代一切装饰花纹，均无疑义的、无例外的由此展进演化而成。

色彩方面最难讨论，因石窟中所施彩画，全是经过后世的重修，伧俗得很。外壁悬崖小洞，因其残缺，大概停止修葺较早，所以现时所留色彩痕迹，当是较古的遗制，但恐怕绝不会是北魏原来面目。佛像多用朱，背光绿底，凸起花纹用红或青或绿。像身有无数小穴，或为后代施色时用以钉布布箔以涂丹青的。

小　结

　　云冈石窟由皇帝下令于452年开始建造，但因首都南迁洛阳，而于494年突然停止。云冈的一部分石窟与印度的"支提"（Chaitya）十分相似，中间是圣坛或窣堵坡。建筑与雕塑则基本是中国式的。早期的较大的雕像有的高度超过70英尺（21米），粗壮结实，身上紧裹着有褶的服装。后来佛像变得苗条些，而头及颈部却几乎是圆柱形的。眉毛弯弯，与鼻梁相接。前额宽而平，在太阳穴处突然后折。眼是细长缝，薄唇，永远微笑，下巴尖尖的。这一特征多在同时期的小型铜佛像上见到。衣服不再紧贴而是披挂在身上，在脚踝处张开，左右对称，衣褶尖挺如刀，像鸟翼似的张开（这并非偶然，这时期中国书法常有尖锋）。佛像组群中有菩萨像，在印度菩萨作公主般打扮，在中国则几乎取消全部装饰，只戴简单的头巾和一个心形项圈。有长长的肩带，穿过在大腿前的环。

　　佛像的容貌衣褶，在云冈一区中，有三种最明显的派别。

　　第一种是带着浓重的中印度色彩的，比较呆板僵定，刻法呈示在摹仿方面的努力。佳者虽勇毅有劲，但缺乏任何韵趣，弱者则颇多伧丑。引人兴趣者，单是其古远的年代，而不是美术的本身。

　　第二种佛容修长，衣褶质实而流畅。弱者质朴庄严，佳者含笑超尘，美有余韵，气魄纯厚，精神栩栩，感人以超人的定、超神的动。艺术之最高成绩，荟萃于一痕一纹之间，任何刀削雕琢，平畅流丽，全不带烟火气。这种创造，纯为汉族本其固有美感趣味在宗教艺术方面的发展。其精神与汉刻密切关联，与中印度佛像，反疏隔不同旨趣。

　　云冈佛像还有一种，只是东部第三洞三巨像一例。这种佛像雕刻艺术，在精神方面乃大大退步，在技艺方面则加增谙熟繁巧，讲求柔和的曲线、圆滑的表面。这倾向是时代的，还是主刻者个人的，却难断定了。

装饰花纹在云冈所见，中外杂陈，但是外来者数量超过原有者甚多。观察后代中国所熟见的装饰花纹，则此种外来的影响势力范围极广。殷周秦汉金石上的花纹，始终不能与之抗衡。

云冈石窟乃西域印度佛教艺术大规模侵入中国的实证，但观其结果，在建筑上并未动摇中国基本结构。在雕刻上只强烈地触动了中国雕刻艺术的新创造，其精神、气魄、格调，根本保持着中国固有的风格。而最后却在装饰花纹上，给中国输入了大量的新题材、新变化、新刻法，散布流传直至今日，的确是个值得注意的现象。

北魏——龙门石窟 ①

北魏孝文帝于太和十七年（公元493年）迁都洛阳，同时即开始龙门石窟之凿造。龙门地处洛阳南三十里，亦名伊阙。

公元495年，在伊川河的山岩上开始开凿龙门石窟，情形与大同云冈近似。这里的佛像头部更圆润而较少圆柱形，衣褶不那么尖了，仍然对称，但更流畅，富有高雅的装饰性。有些洞窟的墙面上有浮雕，一面是皇帝像，对面是皇后像，各有随从侍候，表现着最高级的构图。龙门的雕凿工作持续到9世纪后期。

元魏以下至于隋唐龛窟造像无数，实我国古代石刻之渊薮。其龛窟之布置与云冈石窟略同（图052）。唯匠人之手艺不同，而工作之石料较为坚细，故其结果在云冈之上，然以地处中原，与社会接触较多，其毁坏之程度亦远在云冈之上，研究亦因之颇感困难。

图052 龙门石窟全景

诸窟中之最古者为古阳洞（图053、054）。其效昙曜之往事，在龙门创立此伟业者，厥为比丘慧成。慧成实太武帝玄孙，与孝文帝为从兄弟，为报皇恩，故营此窟。太和二十一年（公元497年），帝幸龙门，此洞之成，实赖帝力。二十三年（公元499年）帝崩，杨大眼至龙门，大眼实辅国将军，《魏书》有传，为念帝而造像也。至宣武帝景明初，敕造宾阳洞，其余诸窟因而次第造成，孝文及慧成，实灵岩无数佛窟开凿之始祖，其在我国美术史上，功弗可没也（图055、056）。

古阳洞壁上雕饰，多为孝文、宣武二帝时代造。然龙门各洞，各时代之加造小龛者不可胜数，故四壁无一寸空墙，致将原形丧失。其中多数头已毁失，但小像全者较多。杨大眼、魏灵藏等像大体结跏趺坐②，其衣褶雕法，仍本恒安像式，然面貌较柔和。其中有交脚坐者，其姿势之庄严，衣褶曲线之平行，亦极似云冈。唯衣褶下部不作尖错形，而

① 龙门石窟：中国三大石窟之一，它始凿于北魏孝文帝年间，历经东魏、西魏、北齐、北周、隋、唐及北宋等朝，雕凿断断续续达400年之久。其中北魏和唐代大规模营建有140多年，因而在龙门所有洞窟中，北魏洞窟约占30%，唐代洞窟约占60%，其他朝代仅占10%左右。

② 结跏趺坐：各种佛像中最常见的一种坐法。佛教认为这种坐法最安稳，不易疲劳，且身端心正。

图053龙门石窟古阳洞北壁刘龛
图054龙门石窟古阳洞内景

图055 龙门石窟比丘慧成造像龛
图056 龙门石窟杨大眼造像龛

呈 MMM 状。领圈下微作桃尖，肩带胸前垂下，交穿珮中，又复下垂，其带极平宽，无皱，皆此时代之特式也。

至宣武永平延昌间（公元508～515年），衣褶较为流畅，至孝明初年作风渐变。熙平二年（公元517年）齐郡王之像尚为交脚旧式，至神龟三年（公元520年）及正光二年（公元521年）之造像，皆结跏趺坐，座前垂衣曲折翻覆重叠掩座，遂产出一种新样式。此实孝明时代最显著之作风（图057、058、061）。

古阳洞中像旁雕饰多珠链、飘带等（图062～064）。龛后及背光则作火焰纹。龛之周围梯形（Trapezoid）格中则为飞天，长衣飘舞。其雕多极薄浮雕，线索凌峻（图065、066）。背光火焰，亦有只刻线纹者。然皆一致同有一特征，则其刚强之蕴力是也。此特征本已见于云冈作品，及至龙门，则因刻匠技术之进步，石料之较佳，故其特征乃益易见。龙门刻匠实较云冈进步甚远，不唯技术，即对于雕饰之布置，亦超而过之矣。

正光四年（公元523年）宾阳洞成，共有三洞，为龙门诸洞中之最壮大者。宾阳洞为皇家敕造，挑选名匠，工作特精，然三洞作风各异，其中虽有隋唐添刻像，然主要像皆正光间物，北洞本尊补塑，失去原形，中洞、南洞本尊，面貌特异，衣褶不似古阳，而写实之技巧进步。褶线曲直参差流畅，曲折配合得宜（图067～071）。

南洞本尊衣褶流畅，中洞南北壁有本尊立像，衣缘自手下垂，作一种波状，善用曲线，变化颇巧。其发为健陀罗式。其背光自项后圆光周围有宝相花以至周围之火焰，刻技细巧精致之极。其诸胁侍菩萨，或和悦，或庄严，各尽其妙（图067、069、071）。

壁上之诸浮雕，佛传图及王后供养图，极浮雕之美，后世观者唯赞叹耳（图072）。

次要次古者有莲花洞，其中最古铭为孝昌间（公元525～527年）物，其洞顶以莲花为宝盖，方丈余，是以得

注：图052、054、055、061、062、064～066均引自《龙门石窟》。——编者注

名。莲花四周刻飞天（图073~075）。本尊立像之左右有声闻弟子胁侍，左执杖者为迦叶尊者（图076）。此外又有菩萨胁侍。洞内样式稍新异。本尊两手下袈裟缘直垂，与膝下衣褶，皆极流畅。此式东魏高齐最盛，实北魏末年之新典型，胁侍菩萨面貌和蔼，颇似宾阳洞。声闻面貌奇伟，衣褶似宾阳中本尊，而略有变化。此实北魏末之作风也。

此外山东历城，河南巩县，亦皆于此时开凿，其作风沿革亦略同焉（图077~080）。

自永熙三年（公元534年），孝静帝改元天平，迁都于邺，以至武定八年（公元550年），禅位于高齐，此十六年间谓之东魏。仍继北魏之风，造像亦甚盛行。京都既迁，洛阳龙门造像之迹非复如北魏之盛，然古阳洞中东魏造像之可考者尚有数龛。

除云冈、龙门外，山东历城、河南巩县皆有石窟遗刻，古自北魏，下至唐宋，诚佛图美术中最重之遗物也。

佛像之供养，初以弥勒为最多，后为释迦、观音之供养亦盛。胁侍菩萨本多二尊，自宾阳洞以后，加以声闻，遂成五尊。至于师子① 飞天，由来亦古。

① 师子：即指狮子，佛家用以喻佛，指其无畏，法力无边。

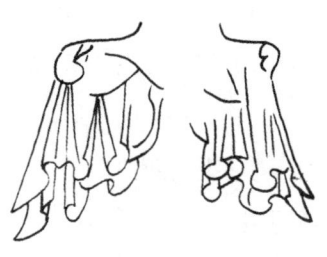

057	058
059	060

图057、058龙门石窟佛像衣褶
图059龙门石窟古阳洞屋形龛
图060、061龙门石窟古阳洞小佛龛

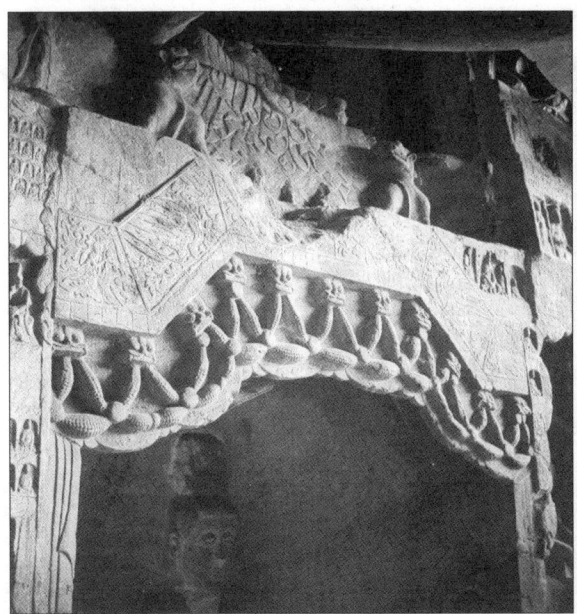

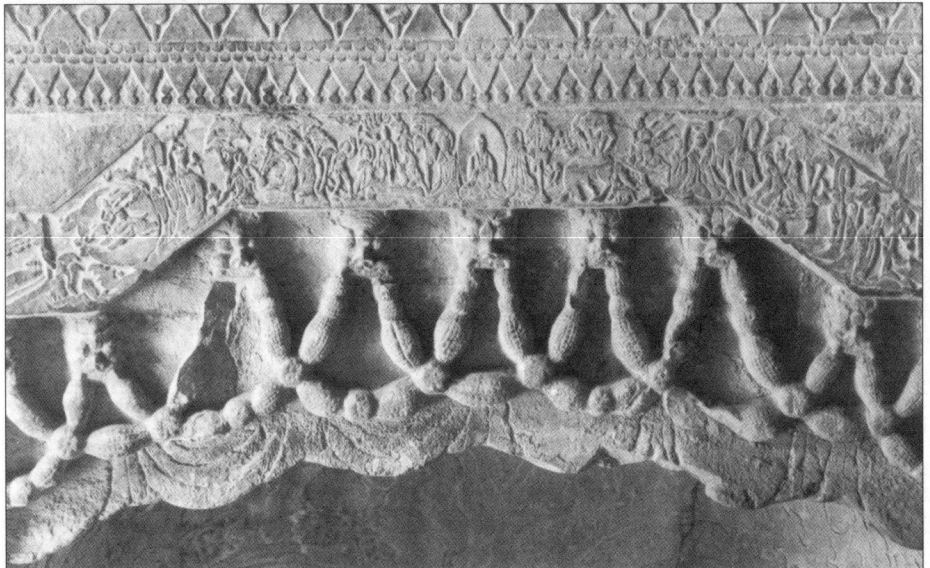

图062 龙门古阳洞龛楣
图063 龙门古阳洞龛楣龙饰
图064 龙门古阳洞珠链龛饰

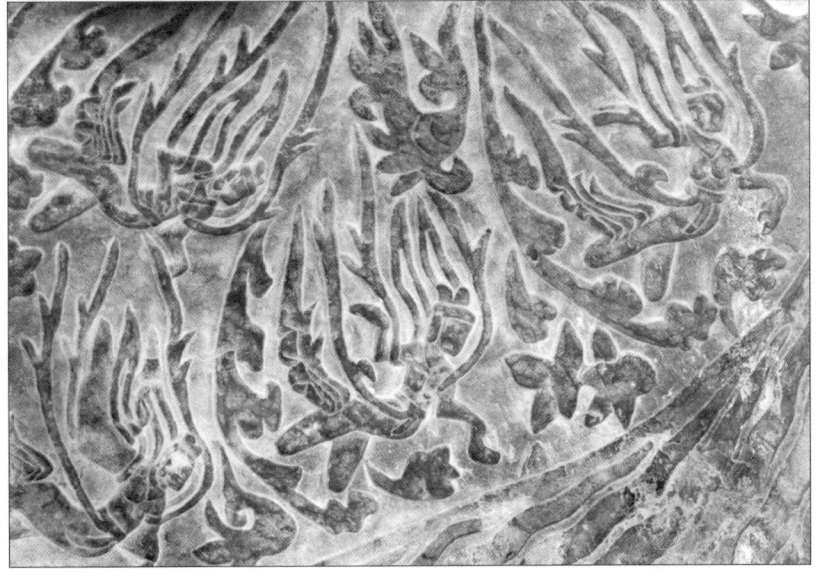

图065 龙门古阳洞龛楣雕饰
图066 龙门古阳洞龛楣飞仙

| 067 | 068 |

图067龙门宾阳中洞本尊
图068龙门宾阳中洞南壁本尊

图069 龙门宾阳中洞本尊头像

图070 龙门宾阳中洞迦叶像
图071 龙门宾阳中洞文殊像
图072 龙门莲花洞浮雕佛传故事，极浮雕之美，后世观者唯赞叹耳

图073、074 龙门莲花洞浮雕佛传故事

图075 龙门莲花洞本尊
图076 龙门莲花洞迦叶像

图077 巩县第一窟
图078 巩县第二窟
图079 巩县第三窟
图080 巩县第四窟

北齐、北周

。

。

。

北齐（公元550~577年）统治者笃信佛教而过火。但在其统治的末期，方才开始开凿天龙山石窟，这些石窟里的大部分佛像站立着，头部是浑圆的，额头明显较低，眼睛虽然仍细但比较长，鼻与唇比较饱满。先前时期那种迷人的微笑几乎不见了，衣褶简单，直上直下。

北齐、北周之雕刻，由历史眼光观之，实可为隋代先驱。就其作风而论，北齐、北周为元魏（幼稚期）与隋唐（成熟期）间之折冲。其手法由程式化的线形的渐入于立体的物体表形法，其佛身躯渐圆，然在衣褶上则仍保持前期遗风，其轮廓仍整一，衣纹仍极有律韵，其古风的微笑仍不罕见，然不似前期之严峻神秘。面貌较圆，而其神气则较前近人多矣。此时期可称为过渡时期，实治史者极宜感兴趣之时期也。

北齐——天龙山石窟

时代虽同,然地方之区别则极显著。北周遗物,今见于陕西一带者,率皆肥壮,不似北齐河北所遗玉石像之精巧。今山西天龙山所存此期遗物最多,然前数年山西国民党党部以打倒偶像号召,任意摧残,其受损害如何,不敢设想。此外山东神通寺、龙门莲花洞、巩县石窟寺等处亦有摩崖造像。在北齐三十年间,今河北、河南、山西、山东诸省造像数极多,研究亦不大难。

天龙山,北齐造像之最精者为"第二窟"及"第三窟"(图081~084),其他诸窟皆隋唐物,"第一窟"亦北齐,然不及二、三窟之精美。二、三两窟中雕饰形制略同,各有三龛,每龛三佛,本尊居中,菩萨胁侍。浮雕甚高,几似独立,然仍带一种平板气味,尤以胁侍菩萨为甚。菩萨微向佛转侧,立莲座上,面部被毁,至为可惜(图084),其姿态修直,衣褶左右下垂,下端强张作角形曲线,尚有北魏遗风。本尊则坐莲台上,后壁面门者结跏趺坐,左右壁者垂足坐。其衣褶虽仍近下部向外伸出作翅翼形,然其褶皱不复似前期之徒在表面作线形,其刻常深,以表现物体之凹凸。其背光本有彩画,今已磨失。其全部雕法极其朴素,其引人入胜不在雕饰之细腻而在物体之表现也(图082)。

石窟而外,北齐造像极多,大村西崖所列举即有二百余躯,其散佚于豫冀者当不可胜计。其在山西者,武平七年郭延受造像最可为其代表作品。其石质为红色沙石,略似天龙山。菩萨(观音)像倚背光成高浮雕,背光已毁,臂已折,腿肥大似肿,圆似管,足亦肥板无生动气。像立覆莲上,莲花前有龟,作负驮状,其上有碑,刻字,旁有二狮。衣褶仅浅似线,宝珠带突起不高,衣之下端作卷浪文。全身自顶至踵,各部皆以管形为基本单位。其与北魏飘松直垂之衣纹,可谓绝对不同矣。

北齐雕刻因地而异前已述及。今河北定县一带,产白

图081 天龙山第二窟北齐雕像

图082 天龙山第三窟北齐雕像（本尊居中，结跏趺坐）

图083 天龙山第三窟北齐雕像（本尊居中，垂足而坐）

图084 天龙山第三窟胁侍菩萨（北齐）

玉石极佳。其造像虽与上述诸点不尽符合，然亦相去不远。其全身各部亦以管形为主，衣裳极紧，衣褶仅似线纹。头笨大，胸高肩阔，其倾向则上大下小。其遗物极多，如喜龙仁《中国雕刻》第253、256图是（图085~087）。与北魏相较，则北魏上小下大，肩窄头小。北齐则上大下小，其律韵迟钝，手足笨重。轮廓无曲线，上下直垂。二者相去极远，而时间则仅距数十年，其变至骤，殆非逐渐蜕变，乃因新影响输入而使然也。

此新影响者，殆来自西域，或用印度取回样本，或用西域工匠，其主要像（本尊）则用新式，而胁侍菩萨则依中原原样，此所以使本尊与菩萨异其形制也。天龙山当时僧侣，与印度直接交通必繁密，故其造像所含印度气味之多，亦为他处造像所罕见。今印度秣菟罗（Mathura）美术馆中与北齐同时造像颇多，两相比较，即可溯其源矣。

河北境内遗像作风与山西大异。泰半甚小，似为各家中供养者。其结构至繁杂，颇似金像手法。唯最初者尚略带北魏遗意。佛像多有菩萨胁侍，其背则共有一背景，为叶形背光，其上则有飞天舞翔，俱为浮雕。其衣褶尚有在下端向外伸作翼形之倾向，其浮凸亦殊甚。坛座甚高，周刻天王狮子等等拱卫。其最普通之布置则在佛之两旁植树二株，枝叶交接于其上，树干遂成二柱状，而枝叶则成背光，飞天翔回于其间，共拱宝塔。枝叶之间多雕通处，使全像愈显其玲珑剔透，为其他佛教雕刻所罕见（图088、089）。

此种造像，其先率皆施彩色，其与当时绘画的布局必甚相近。由立体的布局观之，其地位实不甚高，然由技术的进步观之，则亦有相当价值。佛像本身，仍可与前所论之公式符合，"管形"之倾向极为显著。其为数也多，其良莠亦不齐，其精者可为佛教雕刻中最高之代表物，其劣者则无足道也。定县一带所产玉石为其主要石料，色白而润，最足以表现微妙之光影，使其微笑益显神妙矣。

图085、086北齐雕像

图087北齐雕像

图088、089 河北境内北齐雕像,枝叶之间多雕通处,使全像愈显其玲珑剔透,为其他佛教雕刻所罕见

北周造像

北周造像较北齐遗物少，建德三年（公元574年）武帝灭法，道佛并禁，经像悉毁，沙门道士悉皆还俗，铜像则化为钱，周境之内，数百年来官私所造佛塔寺像，悉皆扫地。建德三年① 灭齐，齐境佛像亦同此厄。魏齐造像，设非皆经此度有意之摧残，其杰作之传于今日者当不只倍蓰，由美术史上观之，武帝罪亦大矣。幸宗教信仰，最为坚实，以帝皇之力，故意搜寻，然尚有幸免者。宣帝即位，佛道复兴，以坊州大像之出现，改元大像，造像之风复盛。

北周遗物，以陕西为多。其作较齐像尤古。因所用石质不同，故其刀法亦异。唯较之齐像，则所受印度影响极其轻微，故保存元魏遗意亦多。

今西安博物馆保存大像数尊及美国所藏数尊为此派重要标本。西安四躯皆释迦立像，佛身肥笨，衣褶宽畅下垂（图090）。然最精者莫如现藏波士顿及明尼阿波利斯（Mineappolis）二躯，波士顿像高八尺余，明尼阿波利斯像高六尺四寸，铭文曰天和五年（公元570年）。波士顿形制与之无异。其中尤以波士顿为精，菩萨为观音，立莲花上，四狮子蹲坐四隅拱卫。菩萨左执莲蓬，右手下垂，持物已毁。衣褶流畅，全身环珮极多。肩上袈裟，自两旁下垂，飘及于地。宝冠亦以珠环作饰，顶有小佛像。企立姿势颇自然，首微向前伸，腰微转侧。秀媚之中，隐有刚强之表示，由艺术之眼光视之，远在齐像之上矣（图091）。

此期铜像亦足以助证其蜕变之程序。较早作品衣褶仍有魏风，身格较纤幼，曲线流畅，然头部则方笨，现出北周本色，且无背光，只有头光。周齐以来，铜像背光似已消灭，考之此时之印度佛像，多无背光，殆受其影响欤。西安发现铜像甚多，今多在国外。喜龙仁《中国雕刻》第266B，280C，278图皆其代表作品也（图092~094）。

① 原稿笔误，「三」应作「六」，即公元577年。——傅熹年注

图090 陕西省博物馆藏北周释迦立像

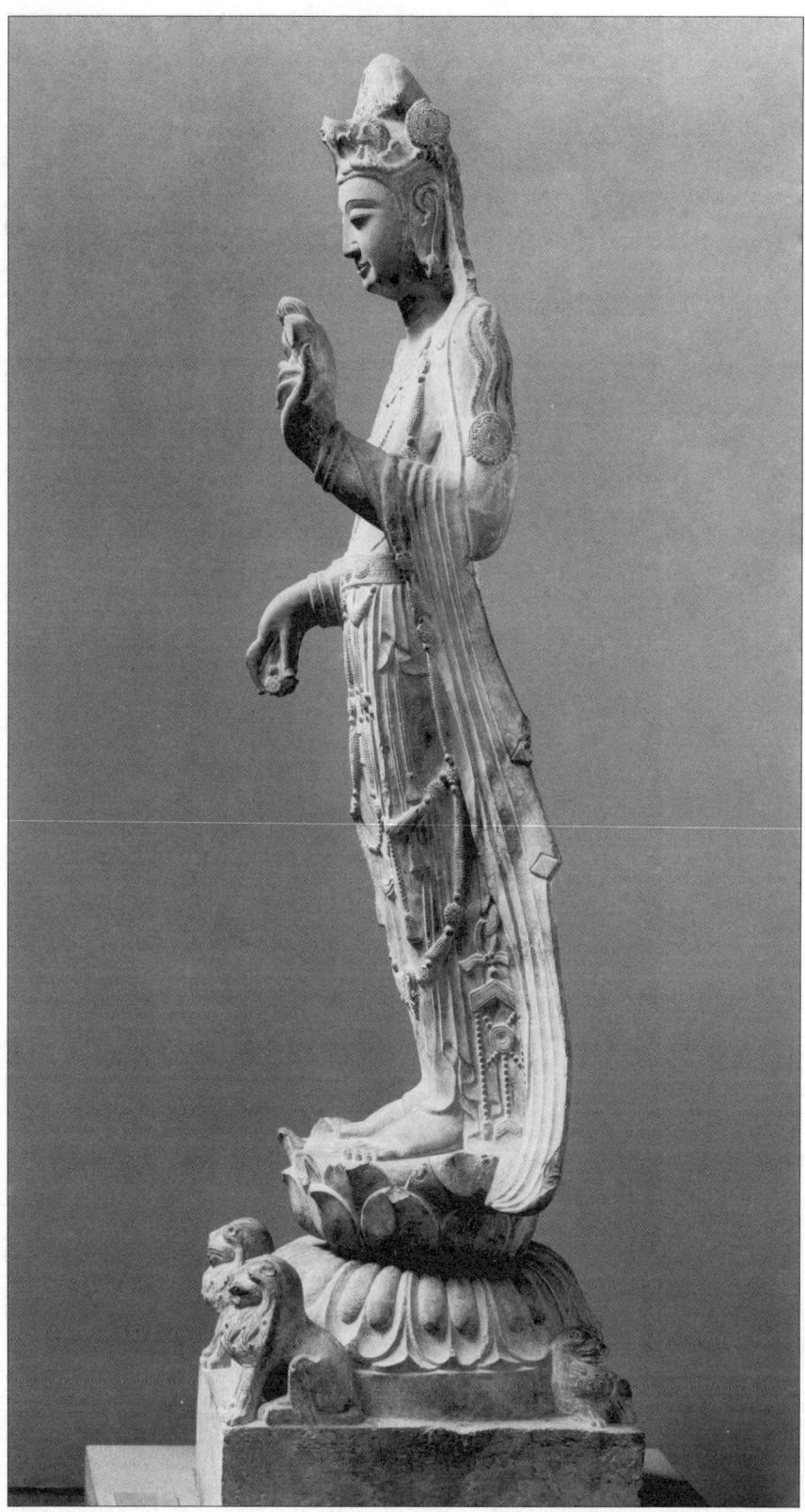

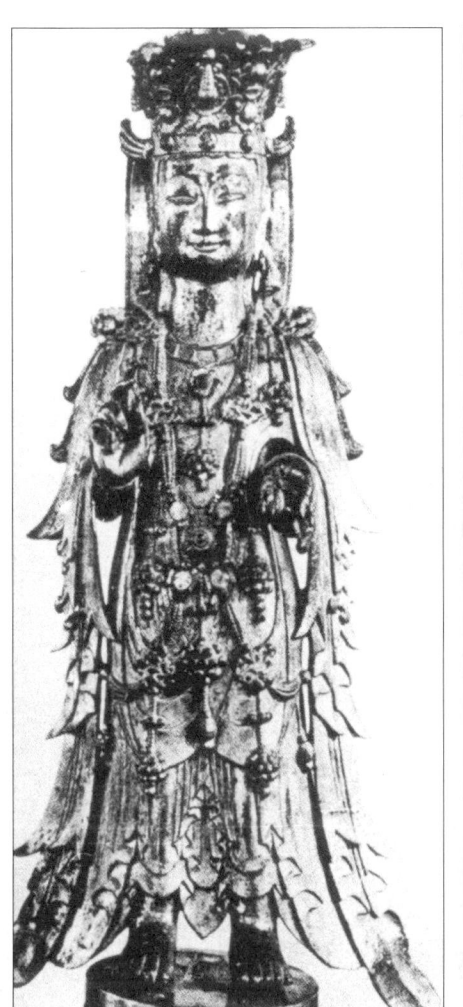

图091美国波士顿美术馆藏北周观音像,秀媚之中,隐有刚强之表示,由艺术之眼光视之,远在齐像之上矣
图092、093北周金像

图094 北周金像

隋

杨隋帝业虽只二代,匆匆数十年,然实为我国宗教雕刻之黄金时代。其时环境最宜于佛教造像之发展,而其技艺上亦已臻完善,可以随心所欲以达其意。

北周大定元年（公元581年），隋王杨坚受禅，国号隋。开皇九年（公元589年）灭陈，虏陈后主，南北遂复统一。文帝都大兴（长安），炀帝迁都洛阳。文帝之世，开皇、仁寿间，造像极盛。周武灭法以后，至开皇元年（公元581年），佛禁始开，大修周代废寺，建立经像，盛极一时。

开皇四年（公元584年）又诏移安周时遗除残像。二十年，更颁布形像保护法，凡有敢毁坏偷盗佛及天尊乃至岳镇海渎之神者，以不道论。以沙门而坏佛像，道士而坏天尊者，以大逆不道论。终文帝之世，修治故像大小十万六千五百八十躯，造新像一百五十万八千九百四十余躯（《法苑珠林》卷一百），周武惨灭佛法，至是始复旧观。

按其风格，隋代雕刻实为周齐雕刻之嫡裔。其大部分仍可称为"过渡式"的，然其中已有少数精品，可以列于我国最发达之宗教雕刻者矣。杨隋帝业虽只二代，匆匆数十年，然实为我国宗教雕刻之黄金时代。其时环境最宜于佛教造像之发展，而其技艺上亦已臻完善，可以随心所欲以达其意。然隋代雕刻大体皆甚严正平板，对于自然仍少感兴味。然较之元魏，则其对于人体部分之塑造，确有进步矣。

隋代石窟雕刻极多，其最要者在山东境内，如历城千佛山、玉函山、益都（青州）驼山、云门山等处，然云冈、龙门、天龙山亦多所增广，乃至在已有魏窟中添刻者。天龙山第八窟（图001～004），由历史的及美术的方面观，皆较重要，然经时代之侵蚀及人为之破坏，像已颓残。此窟为天龙山最大窟之一，与北齐之第十六窟相较，则可知其所受印度影响极少。其坐法仍如齐像，然衣褶之布置，身材之方正肥重，不似齐像之弯曲轻盈，手足加大，头部亦加大，然生气则无加也。其胁侍菩萨则更死板无味。在艺术上只占中下地位。左右壁上数菩萨，则似较有可称道处。

洞外有天王四，其二在洞口，其二在碑旁，为开皇四年（公元584年）物。较之洞内佛像，当为上品。其动作暴躁庄严，其衣褶颇流畅，刻工已知利用衣褶之飘扬，以表示身

001	002
003	004

图001、002 天龙山第八窟洞口天王像
图003 天龙山第八窟本尊
图004 天龙山第八窟胁侍菩萨

图005陕西隋代雕像

体之动作，为前所未有。

陕西境内，直受北周遗风，又因石料之不同，其作品亦较异，大体较山西造像为佳。其石为灰色石灰石或玉石。所造俱菩萨像，率多肥大，头极重，衣裳长阔，环珮玉锁下垂及膝。肩上所披袈裟，在足部微展开作翅翼形，然后紧贴于像座之上。此期衣褶率多杂乱死板无韵律，其中偶有稍有韵律者，则适足以表示像之呆板，无动作之表现也。衣裙之下沿褶作耳形纹（注：左右相对称，621），其中亦偶有较自然者，如喜龙仁《中国雕刻》第313图（图005）。

山陕境内隋像遗物头部多丰满强大，然其较优秀者不若北周造像之方整。其形体及结构的精确，皆超于北周之上，五官之刻塑尤为仔细。双线代眉，弯曲长细，尤为特异。此诸像面貌之美丽精致，实赖元魏式微笑及多少个性之表现混合而成——然其微笑，已微之又微，仅隐隐堪察耳。隋代像首之精品，在中国雕刻史中实可位于最高之列，其对人体解剖上之结构，似尤胜于唐像，而其表情则尤非笔墨所能形容也。

然而隋像之最精美最足为时代标准代表作品者，莫如河北境内遗物。其形制多一律，然品第则优劣不同。其最普通之特征为其体态之轮廓，至此已不复以管形为基本，乃一变而呈椭圆状。其轮廓自腰部及肘部向上下展出，于足部及头部向内收缩。衣褶之主要线纹方向亦随之。其全部韵律皆随椭圆之倾向，胸前背后及至头部之线纹亦如之。其所表现则为一种极纯粹之调和与幽静之状态。而在此幽静之中，复表示些微动作，其动作极其和缓，抑扬有序，不似前期管形造像之骤然起伏也。见喜龙仁《中国雕刻》第324、325、328、329图（图006～009）。

至于遗物丰富，品类最杂者，当首推山东境内造像。当时此地对于佛教之信仰，似较他处为强烈。由其造像观之，当时殆本有自成一派之遗风，而其刻工，殆亦非寻常匠人，其天才艺技，皆有特殊之点。其中最古者为益都驼山及历城玉函山，玉函诸像多开皇四、五、六年造，虽屡经修

| 008 | 009 |

图006～009隋代造像,其所表现则为一种极纯粹之调和与幽静之状态

图010 山东历城佛峪造像（济南博物馆供稿）
图011 山东历城佛峪隋开皇七年造像（王健浩摄）
图012 山东历城玉函山隋造像，现已毁（王健浩摄）

图013 驼山总管平桑公造像,其物形之美及情性,不免受过大之累,不得表现

塑，然本来面目尚约略可见。大致尚作管形，目颇呆板，衣褶垂直，益显其活动不灵之状。头部硕大，趋重方形，而颈则细长如柱，而他部之结构，亦非精美。历城佛峪亦有同此形制者，且保存较佳，为开皇七年造（公元587年）（图010~012）。

驼山造像极为宏大，与玉函佛峪作风相同。虽无年号可考，然按其形式，当与同时。隋式雕刻在此乃放大雕造，是为总管平桑公造像（图013）。其物形之美及情性，不免受过大之累，不得表现，殆玉函亦不如。其对于体形，只有作皮毛之表示，全身各部，如手足头颈，似乱物堆成，毫无机性之结合。其形以椭圆为主，衣裳薄而紧，其褶纹虽有相当文饰之美，然无物体之实，其律韵不足为其魁伟体格之蔽饰也。此像全部唯宝座上所垂衣纹尚有律韵，其曲线之流畅及下边波形纹，皆为隋代所特有。其两旁胁侍菩萨身量较小，权衡较佳，呆板直立，颇似柱形，少有椭圆线。头部亦重大，颈部则由三重圆环叠成，当时雕刻之通例也。

云门山与驼山隔溪相对，相去咫尺，而其美术之地位，则极悬殊。大像数少，且极残破，然其优美，则不因此而减也。其年代较之驼山约迟十年。其雕工至为成熟，可称隋代最精作品。像不在窟中，乃摩崖作龛供养，日光阴影，实助增其美。佛龛中一佛，一菩萨，一天王胁侍。其旁一龛则本有碑在中，菩萨胁侍。佛龛本尊，结跏趺高坐宝座上，其姿势不若旧式之呆板，而呈安适之意。其状若似倚龛而坐，首微前伸，若有所视者（图014、015）。其衣褶至为流畅，虽原来已极流畅之裙下端，亦有加焉。其连环式之曲线及波形褶纹仍旧，而其流畅则远在他像之上。然此像之长，不唯在其宏大及生动，其最大特点乃在其衣裙物体之实在。其褶纹非徒为有韵律之雕饰，抑且对于光线之操纵，使像能表出其雕刻的意义，实为其最大特点。其面貌亦能表现其个性，目张唇展，甚能表示作者个性，其技艺之纯熟有如唐代，然其形制则纯属初隋，实开皇中之最精品也。

以此像与陕西造像并之，时代相同，而空间之区别，则可使见者惊讶于隋代遗物品格高下相差之甚，而同时又有共同之特征也。

隋代遗像，大多数为开皇间物，炀帝之世，遗物甚少。磁州南响堂山，本有晚隋像若干躯，其形式为隋式，然艺技已大进，盖已在隋唐之交，由过渡而入成熟时代矣。

铸铜之术，北周时盖已臻完善，至隋代其风尤盛。其中心殆在大兴（西安）。端方督陕时，在西安得开皇十三年（公元593年）造像，保存甚佳，少有损坏。本尊坐菩提树下，四比丘，二菩萨，二天王，二狮子，二飞天等侍卫。本尊头光华丽，有花叶及火焰文，树枝上则有花圈下垂（图016、017）。此类金像隋代极为盛行，然多毁铸钱，在日本方面保存较多。帝室御藏一光三尊立像，半跽弥勒像，菩萨立像，立佛铜像，皆为隋代经三韩而传之日本者，其刻工之精美，保存之完善，在今日之中国，似不易得也。

隋代立像的腹部独特地挺出，头占全身的比例变小，鼻子和下颚较以前丰满，眼睛仍细，但上眼皮凸出一些，显出其下的眼珠。这微微凸出的眼皮与眉毛下面的弧形平面相交形成柔和的凹沟。这交线像一张弓，重复了眉和眼睛的韵律。嘴变小了，造型精致的双唇使雕像微带笑意。颈子如截去尖端的圆锥体，从胸部突然伸出，与头部生硬相接。颈部中段横一道深深的皱褶。衣服上的衣褶自然，卷边非常精致，如来佛的服饰永远保持朴素，与之相反，菩萨的服饰变得华丽。头巾和项链上嵌着鬓石般的装饰。珠链从肩上垂下，间隔地挂着饰物，抵到膝部以下。

总之此时代之雕刻，由其形制蜕变之程序观之，其最足引人兴趣之点，在渐次脱离线的结构而作立体之发展，对物体之自然形态注意，而同时仍谨守传统的程式。椭圆形已成其人体结构之基本单位，然在衣褶上，则仍不免垂直线纹，以表现其魏齐时代韵律之观念也。

图014 云门山隋代造像
图015 云门山隋像胁侍菩萨

图016 隋开皇十三年（公元593年）铜像

图017 西安出土隋开皇四年（公元584年）董钦造像

唐

佛像之表现仍以雕像为主,然其造像之笔意及取材,殆不似前期之高洁。日常生活情形,殆已渐渐侵入宗教观念之中,于是美术,其先完全受宗教之驱使者,亦与俗世发生较密之接触。

李唐之世，在我国史中，为黄金时代，文治武功俱臻极盛，世代长久，共289年，仅亚于汉，国运隆盛，为前所未有。盛唐之世（公元7世纪）与西域关系尤密，凡亚洲西部，印度，波斯乃至拜占庭帝国，皆与往还。通商大道，海陆并进，学子西游，络绎不绝，中西交通，大为发达。其间或为武功之伸张，或为信使之往还，或为学子之玄愿，或为商人之谋利，其影响于中国文化者至重。即以雕塑而论，其变迁已极显著矣。然细溯其究竟，则美术之动机，仍在宗教（佛教）与丧葬（墓表）支配之下。

武后之世，在政治方面，为害之烈，人所共知。然在美术方面，则提倡不遗余力，于佛像雕刻，尤极热心。出内帑以建寺塔，且造像供养焉。就初唐遗物观之，唐代造像多在武周，其中精品甚多。龙门天龙山诸石室及长安寺院中造像，俱足证明此时期间美术之发达及其作品之善美。佛像之表现仍以雕像为主，然其造像之笔意及取材，殆不似前期之高洁。日常生活情形，殆已渐渐侵入宗教观念之中，于是美术，其先完全受宗教之驱使者，亦与俗世发生较密之接触。故道宣于其《感通录》论造像梵相，谓自唐以来佛像笔工皆端严柔弱，而宫娃乃以菩萨自夸也。

西安为唐代都城，武后时造像尤多。其最古造像之可考者为唐贞观十三年（公元639年）中书舍人马周造像（图001）。佛结跏趺坐高座上，背光上刻火焰形，头光作二圆圈，圈内刻花纹及过去七佛像。衣装紧严，作极有规则曲线形。衣蔽全体，唯胸稍露。衣褶由宝座下垂，亦极规则的，使全像韵律呈一安宁懿静状，而其曲线亦足增助圆肥丰满形态之表示。此像之中，前期之椭圆形仍极显著，然已较肥硕，且全体各部不同其刀法。其装饰集中于背光及颈部，刻法精美，堪称杰作。此类遗物之在陕者颇多，刀法布局大略相同。就其衣褶及形态论，其深受印度影响殆无可疑。其衣褶与元魏云冈最初像相似，而形态则与敦煌画鹿苑法轮初转相合。然其根本观念，则仍为中国之传统佛像也。

图001 唐贞观十三年（公元639年）中书舍人马周造像

西安宝庆寺（俗称花塔寺），塔上浅刻多片，堪称初唐中国雕刻代表作品，皆本尊及二胁侍菩萨三尊像。其布局大略同，上有罗盖，佛坐菩萨立。然数石优劣不同，有粗笨，有清秀。本尊印度影响显著，如一肩袈裟、细腰等等。其头部均甚大，颈短，似内藏无限威力者。菩萨侧身立，衣纹作飘飘状，腰细而臀部偏侧，系结于脐，尤表示受印度影响，然头大面钝，仍不失中国本色。全部韵律皆在衣纹曲线中，长带披肩，绕肘下垂，其动作则庄静，不在直接之表现，乃赖玄妙之暗示也（图002、003）。

菩萨而外，尚有比丘僧尼造像。其形态较为雄伟，不似菩萨端秀柔弱，其程式化之程度较少于佛像，亦不如佛像之模仿西方样本，实与实际形状较相似。其貌皆似真容，其衣褶亦甚写实。今美国各博物馆所藏比丘像或容态雍容，直立作观望状，或蹙眉作恳切状，要之皆各有个性，不徒为空泛虚渺之神像。其妙肖可与罗马造像比，皆由对于平时神情精细观察造成之肖像也。不唯容貌也，即其身体之结构，衣服之披垂，莫不以实写为主，其第三量之观察至精微，故成忠实表现，不亚于意大利文艺复兴时最精作品也（图004）。若在此时，有能对于观察自然之自觉心，印于美术家之脑海中者，中国美术之途径，殆将如欧洲之向实写方面发达，然我国学者及一般人，素重象征之义，以神异玄妙为其动机，故其去自然也日远，而成其为一种抽象的艺术也。

武后之朝，京畿一带之造佛像术，似已登峰造极。中宗以后，似无大进步之可言。至于道教像，亦有多数遗物，然不过为佛教之附庸耳。

然除娴静之佛像外，尚有活动者。长安香积寺塔原有天王像最为杰构。诸像皆作猛动状，其衣纹及姿势皆能表现之，不唯如此，乃至其筋肉亦隆起，致使全像颇呈过分夸张的气味。此种做法，初始于天龙山，其姿势随年月而增猛，故晚唐以后此特征亦日加显著也（图005、006）。

图002、003 西安宝庆寺塔浮雕

图004 美国的博物馆所藏比丘像,不亚于意大利文艺复兴时最精作品也

图005、006 香积寺塔浮雕天王像（现存美国波士顿美术馆）

唐——龙门石窟

今请移向河洛一带。唐代雕刻之最重要代表作品，厥为龙门造像。武后之世，造像之风盛行，然此期造像多已残破，唯最大者尚得保存。其中多数已流落国外，然以武后时像作风为标准，并视特殊之石质（灰色石灰石），可得其一种普通之特征。

龙门造像，就其全数而论，不得作为各个作家之作品看，亦无特殊之杰作。其刻工虽有优劣之别，然其作风则殊画一。殆可认为一派或一群刻匠之共同作品。其中最重要者多为发内帑所造，如诸极大像是。此外像主极多，自王公以至庶人，莫不以造像为超度之捷径而竞塑造也。其做法殆亦多人合作，匠师拟形，而工人乃开崖凿石，匠师又加以最后雕饰及头面之细作也。

龙门作品，以高宗及武后初年间者占大多数，其中最重要作品皆属此时期。其中较早者亦有，如宾阳洞①有贞观十五年像，然为数无多。

此期作品，其美术上的优劣颇为一致。其身材颇肥硕，头大而有强力，其笔法亦颇豪壮，而同时寓柔秀于强大之中，其衣褶流畅自然，出入深浅，皆能善表第三量。胁侍菩萨亦极普通，其身材较窈窕，带女性特征。其中最精者如喜龙仁《中国雕刻》第463图（图007），实为此类像中之最上品，像全身微曲作S线。左臂高举，右下垂，衣褶精细流畅，姿势自然，远非陕西遗物所能及也。此像就其工法及石质判之，当属龙门石窟中物。

龙门诸像中之最伟大者为奉先寺。本尊座左侧有造龛记：

河洛上都龙门之阳，大卢舍那像龛记大唐高宗天皇大帝之所建也。佛身通光座高八十五尺；二菩萨七十尺，迦叶，阿难，金刚神王各高五十尺。粤以咸亨三年（公元672年）壬申之岁，四月一日，皇后武氏助脂粉钱二万贯。奉敕检校

① 原稿笔误作"龙阳洞"，"龙"字应为"宾"字之误。——傅熹年注

图007龙门石窟唐代雕像,实为此类像中之最上品,像全身微曲作S线

僧西京实际寺善道禅师……支料匠李君瓒，成仁威，姚师积等。至上元二年（公元675年）乙亥十二月卅日毕功。调露元年（公元679年）乙卯八月十五日奉敕于大像南置大奉先寺。……正教东流七百余载，佛龛功德唯此为最；纵横今十有二丈矣，上下今百四十尺耳。

纵横十二丈，上下一百四十尺，实为伟大之极。"七百余载……唯此为最"亦非夸张之辞。

今像坐露天广台之上，前临伊水。寺阁已无，仅余材孔，而像则巍然尚存（图008、009），唐代宗教美术之情绪，赖此绝伟大之形像，得以包含表显，而留存至无极，亦云盛矣！其中尤以卢舍那为最精彩（图010~013）。二尊者，菩萨及金刚神王像皆较次（图014~018）。侍立诸像头皆过大，与矮胖肥壮之身不合，其衣褶亦过于装饰的，为线的结构，与广阔之形体不甚调和。卢舍那像已极残破，两臂及膝皆已磨削，像之下段受摧残至甚，然恐当奉先寺未废以前，未必有如今之能与人以深刻之印象也。1200年来，风雨之飘零，人力之摧敲，已将其近邻之各小像毁坏无一完整者，然大卢舍那仍巍然不动，居高临下，人类之伎俩仅及其膝，使其上部愈显庄严。且千年风雨已将其刚劲之衣褶使成软柔，其光滑之表面使成粗糙，然于形态精神，毫无损伤。故其形体尚能在其单薄袈裟之尽情表出也。背光中为莲花，四周有化佛及火焰浮雕，颇极丰丽，与前立之佛身相衬，有如纤绣以作背景。佛坐姿势绝为沉静，唯衣褶之曲线中稍藏动作之意。今下部已埋没土中，且膝臂均毁，像头稍失之过大，然其头像之所以伟大者不在其尺度之长短，而在其雕刻之精妙，光影之分配，足以表示一种内神均平无倚之境界也。总之，此像实为宗教信仰之结晶品，不唯为龙门数万造像中之最伟大最优秀者，抑亦唐代宗教艺术之极作也。

008

图008龙门卢舍那像龛远景，1200年来，风雨之飘零，人力之摧敲，已将其近邻之各小像毁坏无一完整者，然大卢舍那仍巍然不动，居高临下，人类之伎俩仅及其膝，使其上部愈显庄严

图009龙门卢舍那像龛全景

| 011 | 012 |

图010~012龙门卢舍那龛卢舍那像

图013 龙门卢舍那龛卢舍那像
图014、015 龙门卢舍那龛胁侍像

016

017

018

图016~018龙门卢舍那龛金刚像

［1936年先生考察了龙门石窟收集了大量图片，因当时重点在古建筑的研究，所以对龙门未写专文介绍。本次整理除了先生曾介绍过的洞龛外，仅从一些佛像的姿式作初步的分类，如立佛（图019～022），结跏趺坐式（图024～026），垂足坐式（图029～032），交脚坐式（图027、028）。还有一个有趣的发现即在南六洞及南二四洞均见到乐伎的雕像（图033～037），这种乐伎像仅在天龙山第九窟佛座东西两面的壼门内见到，此外在四川成都前蜀王王健墓石床须弥座的束腰处见到。王健墓及龙门所见的乐伎舞姿及动态均极优美并十分相似，疑为同一人所做。按龙门及天龙山石窟均作于盛唐，王健没于918年，他的墓当建于918年前。直到宋代又在四川阆中县青崖山摩崖造像主龛的台基壼门又见到乐伎，但舞姿已不及唐代所见优美。——林洙］

图019 龙门北四洞立佛

021	022
023	024

图020~022龙门石窟立佛

图023龙门诸窟中作猛动状之佛像

图024龙门诸窟中结跏趺坐姿之小佛

图025、026 龙门诸窟中结跏趺坐姿之小佛

027	028
029	030

图027、028龙门小窟中交脚坐姿之佛
图029、030龙门石窟中垂足坐姿之佛，此为唐代盛行之坐姿，宋以后少见

| 031 |
| 032 |

图031、032龙门石窟中垂足坐姿之佛，此为唐代盛行之坐姿，宋以后少见

033	034
035	036
037	

图033~036龙门南六洞乐伎

图037龙门南二四洞乐伎

此时期间南响堂山造像亦多，其形制为隋式，然其头部则仍为唐代特征。由其两代遗物观之，可知此地雕刻在当时殆自成一派。其最初大师即为隋代造大菩萨及三比丘者，殆至唐代，其徒仍沿其匠法，然虽依准绳，而高超之气已失，空泛无神矣（图038~041）。

天龙山自北齐以来，殆为印度影响之集中点。唐代天龙山造像虽不似隋以前之纯印度式，然与中国他部同时造像相比较，则其印度形制乃特别显著，殆此时期与印度有新接触所产生之艺术也。诸窟无年号之记载者（除开皇四年一窟外）然观其衣饰，可知为唐代物。其中优劣不等，然皆身材窈窕，姿势雍容，衣裳软薄，紧贴肢体，于蔽体之作用失去，反使肢体显著。其刻匠对于肉体之曲线美必有特别之领会，故其所表示肉体的美，亦非中国艺术中所常见也（图042~046）。

天龙山佛像坐姿，亦有足注意者。诸菩萨坐立姿势，率多随意，不似前期或他处造像之拘束，亦印度影响也欤？

山东云门山及神通寺窟崖造像颇多。其中尤以神通寺为多。神通寺像几全为坐像，或单或双佛并坐，鲜有胁侍菩萨者，较之陕豫诸像，其布局及雕工似颇有逊色。自北齐起，神通寺窟像已开始刻造。唐代像皆太宗、高宗时代造。形制大略相同，并无何等特别美术价值，其姿势颇平板，背肩方整，四肢如木。其头部笨蠢，手指如木棍一束。当时此地石匠，殆毫无美术思想，其唯一任务即按照古制，刻成佛形，至于其于美术上能否有所发挥不顾也。此诸像者，与其称作印度佛陀，莫如谓为中国吃饱的和尚，毫无宗教纯净沉重之气，然对人世罪恶，尚似微笑以示仁慈。中国对于虚无玄妙之宗教，恒能使人世化，其在印度与人间疏远者，至中国乃渐与尘世接触。神通寺诸像，甚足引申此义也（图047、048）。

摩崖造像，除北数省外，四川现存颇多。

图038 河北南响堂山第五窟坐像

图039 河北南响堂山第五窟中央立像
图040 河北南响堂山第四窟外西侧浮雕
图041 河北南响堂山第六窟

042

图042、043 山西太原天龙山唐窟造像

图044~046 山西太原天龙山唐窟菩萨像

图047山东千佛崖唐代造像

图048 山东千佛崖唐代造像（显庆三年赵玉福造像）

各地雕塑造像

四川乐山县凌云寺摩崖造像

　　凌云寺亦称大佛寺，在岷江东岸，箴子铺南二里九顶山上。寺前巉崖壁立，下临湍流，沿崖有摩崖造像多处，惜石质脆弱，大部剥蚀，唯弥勒坐像及左右仁王较完整。弥勒像垂双足坐，足踏莲座，乃唐开元初僧海通所造。当时诏赐麻盐之税，以资营缮，唯自膝以下，开凿未成而海通没，辍工。贞元五年，诏郡国伽蓝，修旧起废，剑南节度使韦皋乃命工续营，至唐贞元十九年（公元803年）竣工。自莲座至像顶，约高60多米，海内造像当推此为最巨。唐时饰以金碧，覆以层楼，号大像阁。宋称天宁阁，见范成大《吴船录》。明末毁于袁韬之乱。民国十四年，杨森部队炮轰像之面部，嗣虽墁补，神态迥异，亦我国佛教艺术之一重大损失也（图049～051）。

049

图049~051 四川乐山县凌云寺大佛

四川绵阳县西山观摩崖造像

县治西北五里凤凰山俗名西山。其上仙云观，亦称西山观，传为尔朱仙修炼地。山腰子云亭附近，有摩崖造像八十余龛，东西错布，大小不一，内除佛教造像一处外，余皆属于道教。现存铭刻，有隋大业六年（公元610年）十年（公元614年），唐武德二年（公元619年，"武"字漶漫，后人妄剜为"至"，见《县志》），咸通十二年（公元871年），元至正六年（公元1346年）五种，及宋绍圣四年（公元1097年）游客题名一处。

大业六年一龛，为国内现存道教造像之最古者。龛内刻天尊坐像一躯，微笑，神情雍穆，冲然深远，头后具圆光，手作施无畏势，下裳披于座下。座之两侧，各刻一狮，与当时佛教造像，几无区别。唯左右侍像，拱手持圭，冠式亦稍异，乃其特征（图052～054）。初唐造像中，有一龛约阔二公尺半，深一公尺余。中镌天尊坐像，须髯甚伟，双手置于挟轼上。其旁侍像多尊，拥立两侧，座下琢力神二尊。左右二壁，浮雕施舍仕女三层，简洁婉妙、犹存六朝规范（图053）。龛之壁面，旧曾涂朱，像身则糅青绿二色，今尚隐约可辨。咸通造像，位于子云亭下。中为天尊老君二像并坐。左右侍像各一。再次翼以施主小像多尊，状若横披，唯刻工不精，不能与上述诸龛相提并论也（图054）。

东端一龛，主像结跏趺坐，左右二菩萨，二尊者，龛外浮雕璎络、莲花，其下刻二金刚及施主多人，姿态服饰，一见知为唐刻，第此龛位于道教造像中，若鸡群鹤立，斯足为异（图055）。

图052 四川绵阳县西山观摩崖造像,此为道教造像之最古者

图053、054 四川绵阳县西山观摩崖造像

图055 四川绵阳县西山观摩崖造像（佛教）

四川绵阳县汉平杨府君阙

出县治北门，沿川陕公路东北行，约四公里，将抵仙人桥，公路横经小山上，其南侧百公尺处，有石阙矗立麦田中，即汉平杨君墓阙是也（图056～058）。阙凡二座，一西北，一东南，相距26公尺余，其间为神道，神道之中线，东向，略偏北。

阙之形范，阙身居内，子阙居外，阙身厚而高，子阙薄而低，但其下部，已没入泥土中，经发掘后，露出台基一层。台之平面，随阙身与子阙周转，四周镌蜀柱栌斗，与雅安高颐阙所刻，不期符契。

台基上，以条石数层，累砌阙身及子阙，俗因呼为"书箱石"，而阙名反为所掩。其面阔与进深之比，阙身约为7:4，子阙约为5:3，亦与高阙为近，条石表面，隐起地袱枋柱，略如他例，唯梁大通大宝间，加镌造像于上，致方柱之间，有无铭刻，无从踪迹。此项造像，虽损阙之一部，但为川省最古之佛教艺术，甚足珍贵。

梁代造像，依条石之高，琢为小龛，龛外隐起施舍信士，及车骑簇拥之状，与龙门潜溪寺北魏末期所刻，简妙生动，如出一手。而西北阙诸龛中，有下裳向外反翘，左右三叠，悉成对称，亦为南北朝造像典型之一。铭文署中大通三年（公元531年）闰月及七月者计三处。考是岁十月改元中大通，此题大通乃改元前所勒，核之史籍，适相吻合。另一处题"主木岁三月三日佛弟子章景……奉为梁主至尊敬造无量寿佛依碑石像一躯……"据《县志》艺文志，主木乃辛未之讹；细察石面，亦经剡（原稿如此，为尊重作者，保留。下同。）凿，足证其说，信非虚妄。唯文中既称梁主，而萧梁一代，享祚不永，仅简文帝大宝二年（公元551年），干支与之相合，然则此铭殆即刊于是岁也（图059～061）。

图056~058 四川绵阳县平杨府君墓阙

图059~061 绵阳县汉平杨府君阙造像,此为四川省佛教造像最古者

四川阆中县间溪口摩崖造像

县治西北二十里，嘉陵江西岸间溪口北半里，有隋唐摩崖数处，东向略偏北。主龛下，承以须弥座，雕壶门数间，座上小佛约千尊（图062）。两侧翼以仁王各一。千佛之中，一龛特大，主像垂双足坐，上覆菩提树，左右尊者菩萨各二躯，座下刻卷草及二狮，布局题材与广元绵阳诸例为近（图063）。千佛之南，一龛无铭记。北侧之龛，以二树为背景，题唐仪凤三年（公元678年），而仪字略泐（图064）。其侧一碑，文字剥落殆尽，依碑首雕刻，疑亦唐初物（图065）。再北三龛，旁题隋开皇十四年（公元594年）铭文三行，佛像作风，视南侧诸刻略早（图066）。

图062~066 四川阆中县溪口摩崖造像

四川梓潼县卧龙山千佛崖摩崖造像

　　千佛崖在县治西南四十五里卧龙山东崖下。原有之寺，传毁于明末流寇之乱，清光绪六年，乡人剧地，始获造像，为殿以覆之。殿门东向。入门有方石柱，四面镌佛像，若云冈之支提柱，可绕行诵经者。主龛位于东侧；世尊居中垂足坐（图068~070），座下卷草，如绵阳西山观所见；左右阿难、迦叶及菩萨二，护法二，仁王二，分立两侧；其后复浮雕九像，仅露头肩，制作皆极精。背面（即西侧）之龛，主像结跏趺坐，阿难、迦叶侍立两旁，再次二菩萨，二仁王，俱完整无损（图067、071、072）。北侧之龛浮雕极浅。南侧无龛，只刻小佛多躯。柱旁崖上，有唐贞观八年（公元634年）所勒阿弥陀佛并五十二菩萨传及功德主题名，足证诸像即造于是岁。

图067～070四川梓潼卧龙山千佛崖摩崖造像

071

图071、072 四川梓潼县卧龙山千佛崖摩崖造像

四川广元县皇泽寺摩崖造像

自县治西门，渡嘉陵江，沿公路北行半里，至皇泽寺。寺负岩面江，东向微偏北。现存堂殿三重，规模殊陋，而公路复横贯南北，划寺为二，藩篱尽失，尤为惨淡。唯寺后断崖存唐摩崖二十余龛，尚完整。

主龛位于寺中轴线上。中为释迦立像；左右阿难、迦叶及菩萨仁王各一；背面复有浮雕像多尊，仅露头肩，制作均甚精丽（图073、074）；而西南隅，一小吏，合十仰首跽一足，似为功德主或监造者（图075）。其南五十公尺处有塔洞一（图076），西南北三面各凿一龛，龛内主像皆结跏趺坐，风骨凝重，而神光内敛，当为初唐作品。中央支提塔亦刻佛像，中下二层，施勾片造勾槛（图077），上层四隅，刻小塔及宋庆历六年（公元1046年）装修题记。再南数龛亦唐建（图078~080）。

《县志》载武士彟尝为利州都督，生武曌于此，其后曌秉政，建寺以修其报，故名皇泽（图081）。然考曌以太宗贞观十一年入宫，时年十四；太宗崩，削发为尼，居感业寺，高宗幸寺悦之，复入宫，永徽六年，立为皇后；其预政擅权，则在显庆以后，而寺前摩崖《心经》一卷，署贞观五年，是寺已前有非曌所创明矣。

073
074

图073、074四川广元县皇泽寺摩崖造像

075	076
077	078

图075~081 四川广元县皇泽寺摩崖造像

四川广元县千佛崖摩崖造像

千佛崖在县治北十里，嘉陵江东岸，大小四百龛，延绵里许，莲宫绀髻，辉濯岩扉，至为壮观。唯近岁兴筑川陕公路，较低之龛，剖削多处，千载名迹，毁于一旦，令人痛惜无已（图082）。

龛之面积，以一公尺左右居多；二三公尺者较少；三公尺以上者，寥寥十数处而已。较大之窟，除主像外，壁面遍凿小龛，窟顶饰以莲瓣，颇类龙门诸窟，唯造像作风，仍属盛唐一派（图083）。最特别者，中型之窟，每于窟中央，琢主像、侍像，或佛涅槃像，其后翼以树木，若屏风然（图084）。壁面或镌生死诸图，背景衬以山气，至极精妙，而窟内每刻功德主，跽于座下，数量之众，为他处所少有（图085）。

造像之沿革，《县志》谓其地原为栈道，唐开元间，韦抗凿石开道，并镌千佛，遂成通衢。今按铭刻可辨者，亦以唐开元十年（公元722年）《韦抗造像碑》为最早。开元十八年，及咸通十四年，广明二年，中和二年四年等次之。自此以降，如天成、乾德、绍兴、至正、至顺、正统题记多种，皆属妆严像设，与过客题名，故当地造像殆可谓为成于有唐一代也（图086）。

图082、083 四川广元县千佛崖摩崖造像

图084~086 四川广元县千佛崖摩崖造像

四川昭化县观音崖摩崖造像

县治东北三十里嘉陵江东岸，有摩崖造像，延亘半里许。北端者什九剥毁，唯迤南数十龛，保存尚佳（图087、088）。龛之面积，除观音、文殊二龛外，余皆甚小，刻工亦极平庸。唯文殊趺坐狮上（图089）及金刚短须上翘（图090、091），若唐俑状，乃其特点。铭刻可辨者，仅天宝十四载等字，知为盛唐遗物，余无可考。

087

图087~089 四川昭化县观音崖摩崖造像

091

图090、091 四川昭化县观音崖摩崖造像

四川夹江县千佛崖摩崖造像

千佛崖在县治西北五里青衣江北岸。沿官道上下，凿佛像大小百余龛，东西约长三百公尺。其制作年代，除少数初唐者外，盛唐以后，历五代、北宋，为数最多，唯铭记可辨者，只唐开元二十七年（公元739年）一处而已。其西端造像，则系明清人所刻（图092～094）。

龛皆不大，像高多在一公尺以内，唯西部一龛，位于断崖上者，体积稍巨耳。此龛现覆以楼，跨于官道上，可自东侧石级，盘曲而登（图095）。其主像为弥勒佛，垂双足坐，约高三公尺，左右菩萨，高二公尺余，庄严妙丽，确属盛唐遗物（图096）。

其西邻一龛，刻阿弥陀净土变相，似唐末作品（图097）。龛之中央奉阿弥陀佛，左观音，右势至，下为众圣及奏乐舞俑之状；左右及后部，配列塔幢及殿宇楼阁，表示《阿弥陀经》中所述西方极乐净土之庄严景象。此外复有二龛，所雕略同，但龛内建筑与此龛同极简陋。

千手观音及兜跋毗沙门天王（亦称多闻天王）像，俱类宋刻。后者长身细腰，作武士装，下以卷云为座，露出半身女像坚牢地神，以承天王之两足（图098）。除敦煌壁画与大足摩崖外，他处不易多睹。

	092	
093	094	

图092~094 四川夹江县千佛崖摩崖造像

095

096

097
098

图095~098 四川夹江县千佛崖摩崖造像

重庆市大足县北崖佛湾造像

出县治北门，约二里，登北崖山。沿山之西侧凿龛窟百余，约长里许，俗呼为佛湾（图099、100）。制作年代以唐乾宁三年（公元896年）、四年为最早；五代后梁乾化五年（公元915年）次之；宋乾德、大观、建炎、绍兴、淳熙又次之。其分布状况，南北两端，大都成于唐末、五代，中部则悉属宋制，而宋刻数量，约占全数三分之二。题材内容，有观经变相、孔雀明王、千手观音、被帽地藏、九子母，及殿宇、城阁、塔、幢、转轮藏、幡竿、挟轼、车、椅等，颇为丰富。

自北端起，有造像一区，平面若L形。崖面大小十余龛，内有经幢四基及千手观音、被帽地藏等。地藏皆半伽坐，右足下垂；帽下之巾，垂于肩上；右手持锡杖；左手执宝珠；唯无十王随附。另一龛下，刻武士十二尊，成一横列，甲胄衣饰，足供参考（图109）。

其南侧建筑物三楹。门内东壁中央，镌观经变相一龛（图102～108），约阔二公尺，高三公尺弱，为省内此类题材之最巨者。龛之下层，浮雕城橹，上列一台，具阶梯栏楯，其间点缀人物乐队，至为壮丽。中层刻阿弥陀佛（中）及观音（左）、势至（右）三尊，面貌姿态，宛然唐式，唯风格稍靡，各部衣褶，亦嫌凌乱，当为唐末作品。上层雕殿宇七座，联以阁道。龛外下缘，复刻"序六分缘"，两侧雕"十六观"。全体构图，与敦煌壁画同一系统。此龛左右，复凿小龛多处，斫制虽简，作风略同。其南侧一龛，存乾宁三年比丘惠志造欢喜王菩萨铭记一段。

再南一龛，中镌观音半伽坐像，丰神丽容，宛若少妇。其左右侍像各五尊，皆靓装冶容，如暮春花发，夏柳枝低，极逸宕之美，佛像至此，可谓已入魔道矣（图110、111）。南邻一窟，主像之发，披于肩上，前置挟轼，不审何名（图112）。再南一窟，琢释迦佛。次窟镌罗汉多尊，皆甚小，南宋淳熙五年（公元1178年）所造也。

南侧复有一建筑，内刻孔雀明王，其东南北三面，遍镌小像（图113）。此建筑之南，为绍兴十六年所造之转轮藏洞（图114）。转轮藏位于窟之前方，平面八角形；下承蟠龙，中镌八柱亦绕以龙；其上各面，浮雕小塔。窟之东侧，刻水月观音立像一尊，左右壁琢文殊、普贤，跌坐狮、象上（图115、116）。其南数窟，侍像作武士装（图117、118），具多臂，主题不明。

再南一建筑，内刻九子母，为国内稀见之例（图119、120）。自此以南，有小塔及造像数处若断若续，唯迤南一段，小龛稍密，内镌阿弥陀佛，或一龛内二像并坐。附近有乾宁三年及永平五年铭刻，为当地较早之造像。

南端复有一建筑，正面一龛，刻千手观音（图121、122），似唐末，五代所镌。其左侧一龛，南向，主像类兜跋毗沙门天王，但双手已毁，不审所持何物（图123），无从证实。门外南侧，有乾宁二年摩崖碑，纪景福间韦君靖建永昌寨事略，疑当地造像，与君靖不无关涉，惜诸龛铭记，未详始末，缺以待证。其他北崖佛湾造像（图101、124～135）。

图099 梁思成在大足
图100 重庆市大足县北崖佛湾造像一区

图101 重庆市大足县北崖佛湾造像

102

103

图102～105 重庆市大足县北崖佛湾观经变相龛

106

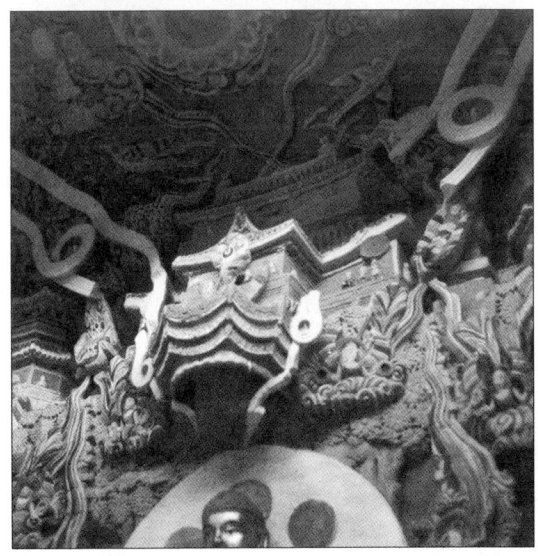

图106~108 重庆市大足县北崖佛湾观经变相龛

图109 重庆市大足县北崖佛湾龛下刻武士十二尊,成一横排,甲胄衣饰,足供参考

图110 重庆市大足县北崖佛湾胁侍像,极逸宕之美,佛像至此,可谓已入魔道矣

图111 重庆市大足县北崖佛湾胁侍像

图112 大足县佛湾挟轼坐之佛
图113 大足县北崖佛湾孔雀明王像
图114 大足县北崖佛湾转轮藏洞

图115 大足县北崖佛湾普贤像

图116 大足县北崖佛湾文殊像

117

图117、118 大足县北崖佛湾武士像

图119、120 大足县北崖佛湾九母子像,为国内罕见之例

图121、122 大足县北崖佛湾千手观音像

图123 大足县北崖佛湾沙门天王像

图124 大足县北崖佛湾吉祥辩才天像

125

图125、126 大足县北崖佛湾立佛像

图1127 大足县北崖佛湾立佛像

图128~131 大足县北崖佛湾坐佛像

132

133

134
135

图132～135大足县北崖佛湾坐佛像

四川乐山县龙泓寺摩崖造像

出县治嘉乐门，渡岷江，东望九龙山相距仅里许。龙泓寺位于山之西麓，传创自赵宋，但现存建筑皆近代建。寺前小山环抱，中为水田。沿南山之麓，自东徂西，有砂崖露出。崖北向，凿大小佛龛，高低错落，约数十处。虽规模非巨，而内容丰富，为川中不可多得之精品。

自东端起，就崖面浮雕罗汉十余尊，或坐或立姿态不一。自此往西，皆为佛龛。内有千手观音（图136）、孔雀明王（图137）、观经变相等为中原石刻罕见之题材。唯诸龛俱无铭记，依雕刻式样推测，仅观经变相一龛似唐末作品，余似宋人所镌。

千手观音垂双足坐，具四十二臂。其一部虽已毁坏，但顶上化佛手，及左右日月摩尼手、锡杖手、宝剑手、戟槊手、宝弓手、宝镜手、宝印手、宝经手、葡萄手、髑髅手、施无畏手、莲花合掌手等，可辨识者犹达半数。背光形状，因手之配列，略近桃形。

观经变相以阿弥陀佛（中）及观音（左）、势至（右）为主体，背部配列殿宇楼阁，表示西方极乐净土之庄严相（图138～141）。唯此龛东端，雕普贤一尊，西端应亦有文殊与之对称，但此部已崩毁无从证实。龛之外缘，依常例每刻《序六分缘》与《十六观》。今龛之东侧犹存一段，唯石质风化，模糊难辨，不审属于何者。

图136 四川乐山县龙泓寺摩崖造像千手观音
图137 四川乐山县龙泓寺摩崖造像孔雀明王

136

137

138
139

图138~141 四川乐山县龙泓寺摩崖造像观经变相龛

山西五台山佛光寺佛像（建于唐857年）

佛光寺大殿的内部广阔修饬，结构简洁，内柱一周，分殿身为内外槽。

沿着后内柱的中线上是一堵"扇面墙"，尽五间之长，墙前有大佛坛，深一间半。坛上每间供主像一尊，高约5公尺，颇为高大，胁侍供养菩萨等六尊，并引兽的"獠蛮"、"犏狨"、"童子"等，及坛两端甲胄天王共三十余躯（图142）。坛的一角有供养信女像一躯，殿门南侧有沙门像一躯，都是等身写实像。这两尊像人性充沛，与诸佛菩萨是迥然不同趣味的。这一点最初并不太令人注意，只觉得他们神情惟妙，但我们也不知道像与寺史有什么样深的关系。主要诸像的姿势很劲雄，胁侍像的塑法，生动简丽，本来都是精美的作品，可惜经过后世重装，轮廓已稍模棱，而且色彩过于鲜缦，辉映刺目，失去醇和古厚之美。所幸原型纹褶改动的很少，像貌线条，还没有完全失掉原塑的趣味特征。重装是以薄纸裱褶的，上面敷上色彩，我们试剥少许，应手而脱，内部还可见旧日的色泽，将来复原的工作还是可能的。

中三间的主像及胁侍等在佛殿槽内五间的长度，一间半的深度的位置上，是一座高74厘米的大佛坛。坛上有主像五尊，各附有胁侍像五六尊不等。当心间的主像是降魔释迦，袒着右肩，右手垂置在右膝上，作"触地印"，左手捧钵放在腹前，跌坐在长方须弥座上（图143）。左次间的主像是弥勒佛，垂下双足坐着，左右脚下各有莲花一朵。双膝并垂，是唐代佛像最盛行的姿势，是宋以后所少见的，所以最值得注意（图145）。右次间的主像是阿弥陀佛，双手略如"安慰印"状，跌坐在六角须弥座上，衣褶从座上垂下来（图148）。释迦的左右，有迦叶、阿难两尊者和两菩萨侍立（图144），更前则有两供养菩萨跪在莲花上，手捧果品献佛。弥勒和阿弥陀的诸胁侍，除以两菩萨代两尊者外，一切与释迦同（图146）。释迦弥勒都有螺发，阿弥陀则有直发如健陀罗式之发容。三佛丰满的面颊,弧形弯起的眉毛,端正的口唇,都是极显著的唐风。弥勒及阿弥陀佛胸腹部的衣褶与带结和释迦与阿弥陀垂在覆坐上部的衣褶,都是唐代的固定程式。菩萨立像都微微向前倾侧,腰部微弯曲,腹部微凸起,是唐中叶以后菩萨像的特征,与敦煌塑像同出一范(图147、149、156)。供养菩萨都是一足蹲着一足跪着,在高带的莲座上,衣饰与其他菩萨相同。这种形式的供养菩萨,在国内已不多见,除敦煌石窟外,仅在山西大同华严寺薄迦教藏还有。这些像都在最近数年间,受到重妆的厄运。虽然在形体方面,原状尚得保存,但淳古的色泽却已失去,今天所见的是鲜蓝鲜碧及丹红粉白诸色,工艺粗糙,色调过于唐突鲜焕(图157)。

两梢间普贤观音像。左右两梢间的主像是普贤和观音两菩萨。普贤菩萨在左梢间,骑象,两菩萨胁侍,"獠蛮"牵着象(图150、151)。普贤像前有韦陀及一童子像。右梢间主像是观音菩萨,骑狮子,"狻猊"牵着狮子,两菩萨胁侍(图152、155),两梢间坛的极端前角,都立着护法天王,甲胄持剑,两像魁伟,遥立对峙(图158、159)。坛左端天王的右侧有趺坐等身小像,是供养者"佛殿主宁公遇"的像(图161)。面对着佛坛,在殿左端梢间窗下,又有趺坐的等身像,是沙门愿诚的像(图160)。按照通常的配置,多以普贤与文殊对称。文殊骑狮居左,普贤骑象居右。这殿里却以普贤骑象居左,右侧不供文殊而供观音——因为骑狮的像的花冠上有阿弥陀佛,是观音最显著的标志。也许因为五台是文殊的道场,所以不使他居在次要的地位。普贤与其他菩萨都有披肩,左右作长发下垂。内衣从左肩垂下,用带子系结在胸前。腰部以下,用带子束长裙,带子在脐下打成结。观音衣饰最特殊,在胸前作如意头,两乳作成螺旋纹,云头覆在肩上,两袖翻卷作火焰形,与其他菩萨不同。天王像森严雄劲,极为生动,两像都手执长剑,瞋目怒视。它们的甲胄衣饰与唐墓中出土的武俑多相似处,也是少见的实例,可惜手臂和衣带都有近世改装之处。

坛上的三尊佛像，连像座通高约5.3米。观音、普贤连坐兽高约4.8米。胁侍诸菩萨高约3.7米。跪在莲花上的供养菩萨连同像座高约1.95米，约略为等身像，它们位置在诸像的前面，处于附属点缀的地位。两尊天王像高约4.1米，全部气象森伟。唯有宁公遇和愿诚两尊像，等身侍坐，呈现渺小谦恭之状。沿着佛殿两山和后檐墙的大部分（在扇面墙之后）排列着"五百罗汉"像，但是实际数目仅二百九十尊。它们的塑工庸俗，显然是明清添塑的（图163）。

侍坐供养者。（一）宁公遇像（图161），是一座年约四十余之中年妇人像，面貌丰满，袖手跌坐，一望而知是实写的肖像，穿的是大领衣，内衣的领子从外领上翻出，衣外又罩着如意云头形的披肩。腰部所束的带子是由多数"田"字形的方块缀成的。她的衣领与敦煌壁画中供养者像，和成都发掘的前蜀永陵（王建墓）须弥座上所刻女乐的衣饰诸多相似之点，当为当时寻常的装束。以敦煌信女像与这尊宁公遇的像相比较，则前者是一幅画，用笔婉美，设色古雅，所以信女像匀称皎洁，古丽照人。像大仅等身，在佛坛上至为渺小，谦坐南端天王像旁。其姿态衣饰与敦煌画中信女像颇相似，其在坛上位置亦与信女像在画之下左隅相称。后者是塑像，塑工沉厚，隆杀适宜，所以宁公遇状貌神全，生气栩栩，丰韵亦觉高华。唐代艺术洗炼的优点，从这两尊像上都可得见一斑。（二）沙门愿诚像（图160）。在南梢间窗下，面向佛坛跌坐，是诸像中受重妆之厄最浅的一尊。像的表情冷寂清苦，前额隆起，颧骨高突，而体质从容静恬，实为写实人像中之优秀作品。英国不列颠博物院，美国纽约市博物院和彭省大学美术馆所藏唐琉璃沙门像，素称为"罗汉像"的，都与此同一格调。考十八罗汉之成为造型艺术题材，到宋代才初见，画面如贯休之十六应真，塑像如甪直保圣寺、长清灵严寺诸罗汉像。唐以前仅以两罗汉阿难尊者及迦叶尊者作为佛像之胁侍而已，其最早之例见于洛阳龙门造像。后世所谓十八罗汉,仅有"十六罗汉"见于佛典,其中二尊,为好事者所添加,其个别面貌多作印度趣,姿势表情均富于戏剧性,而这几尊唐琉璃像,则正襟趺坐,面貌严肃,姿势沉静,是典型的中国僧人,与愿诚像绝相似。相传诸琉璃像来自河北易县,可能也是易县古刹中的高僧像,处于供养者地位,而被古董商误呼作"罗汉"的。现在与愿诚像相较,我们尤其怀疑施主沙门,造像侍坐在殿隅,是当时的风尚。但仅凭这一孤例,我们未敢妄作断论。

石像:除诸塑像外,殿内还存有石像两尊。其一是唐天宝十一载(公元752年)比丘融山等所造的释迦玉石像。像并座共高约1米。佛体肥硕,结跏趺坐在须弥座上,发卷如健陀罗式,右手已毁,左手抚在左膝上,他的内衣自左肩而下,胸前的带子打成一个结。僧衣的下部覆盖着须弥座垂下,自然流畅,有风吹即动之感。其衣下缘,饰以垂直褶纹,与殿内释迦、阿弥陀两像相同。就宗教意境而论,此像貌特肥,像个酒肉和尚,毫无出尘超世之感。就造像技术而论,其所表现乃是写实性的型类,似富有个性的个人,在我国佛教艺术中,是很少见的。现在流落在日本的定县某塔上的释迦立像,其神情手法,与此像完全相同,像是出自同一匠师之手(图162)。

图142佛光寺大殿塑像全景

图143 佛光寺大殿塑像明间佛像降魔释迦

图144 佛光寺大殿塑像释迦像旁边之迦叶和胁侍
图145 佛光寺大殿左次间主像阿弥陀佛

图146、147 佛光寺大殿塑像左次间胁侍像

图148 佛光寺大殿塑像右次间弥勒佛像
图149 佛光寺大殿塑像左次间胁侍像

150
151

图150 大殿右手次间普贤(骑象)及天王像全景
图151 大殿右手次间普贤(骑象)及天王像

图152 大殿左梢间观音（骑狮像）
图153 佛光寺大殿供养者像
图154 佛光寺大殿童子像

图155 佛光寺大殿左梢间观音像

图156佛光寺大殿左梢间胁侍像

图157佛光寺大殿供养者像

图158 佛光寺大殿右梢间天王像

图159佛光寺大殿左梢间天王像

图160佛光寺大殿愿诚像,为写实像中之优秀作品

图161佛光寺大殿宁公遇像,唐代艺术洗炼的优点,从这尊像上可见一斑

图162佛光寺大殿内大唐天宝石刻,似富有个性的个人,在我国佛教艺术中,是很少见的

图163佛光寺大殿塑像五百罗汉之一角,它们塑工庸俗,显然是明清添塑的

杨惠之塑像作品

自唐中叶以后，佛教势力日衰，窟崖之事，间尚有之，然不复如前之踊跃虔诚矣。

唐玄宗之世为中国美术史之黄金时代。开元间，玄宗励精图治，国泰民安，史称盛世。帝对于诗画音乐，尤有兴趣，长安遂成文艺中心。梨园音乐，自帝创始。唐代美术最精作品殆皆此期作品，李、杜之诗，龟年之乐，道子之画，惠之之塑，皆开元天宝间之作品也，然而天宝而后，帝迷恋杨妃者十年，致有安史之乱，藩镇之祸，唐代之致命伤也。

杨惠之，开元中与吴道子同师张僧繇笔迹，号为画友，巧艺并著，而道子声光独显；惠之遂都焚笔砚，毅然发奋，专肆塑作，能夺僧繇画相，乃与道子争衡。时人语曰："道子画，惠之塑，夺得僧繇神笔路。"

惠之作品，考诸记载，有京兆长乐乡太华观玉皇大帝像，汴州安业寺（后改相国寺）净土院佛像，枝条千佛像，维摩居士像，洛阳广爱寺罗汉及楞伽山、陕西临潼骊山福严寺塑壁，江苏昆山慧聚寺毗沙门天王像，凤翔县天柱寺维摩像。相传惠之尝于京兆塑名倡留杯亭像，于市会中面墙而置之，京兆人视其背，皆曰，此留杯亭也。著《塑诀》一卷，今佚。

惠之作品，今尚存苏州甪直镇保圣寺。按《甫里志》，保圣寺塑壁为惠之作。其中有罗汉十八尊，其后壁毁，其所存像六尊，幸得保存，今存寺中陆祠前楼。"一尊瞑目定坐，高四尺，邑人呼之为梁武帝；一尊状貌魁梧，高举右手，且张口似欲与人对语，其高度为三尺八寸；一尊温额端坐，双手置膝上者，高四尺；一尊眉目清朗，作俯视状……"此种名手真迹，一千二百年尚得保存，研究美术史者得不惊喜哉！此像于崇祯间曾经修补，然其原作之美，尚得保存典型，实我国美术造物中最可贵者也①（图 164～169）。

（一）甪直保圣寺塑壁历代传为唐杨惠之之作，但近代美术史家也有认为是宋代作品者。——傅熹年注

图164、165 苏州甪直保圣寺传杨惠之塑像

166	167
168	169

图166～169 苏州甪直保圣寺传杨惠之塑像

唐代雕塑的兴衰

玄宗之世佛像形制及所供佛陀亦渐变易。以前造像以弥勒佛（Maitreya）及释迦牟尼佛为最多。武周而后，阿弥陀佛造像之风渐盛，毗卢舍那亦日多，如龙门奉先寺大像。诸菩萨中，观音仍为世人所最欢迎，然其形制亦变化日多，十一面观音，千手观音等皆此时期之创作也。此期间造像中尚有一特别倾向，则佛教诸神中次要神物如天王、罗汉等之博得社会声望也。《高僧传》谓天宝间西番大食、康居诸国侵凉州围城，沙门不空诵咒，北方毗沙门（Vaisravana或Bishamonten）天王率神兵现于城东北云中，敌兵畏退，城北门楼上毗沙门天王现身放光明。故敕诸道节镇所在，州府以下，于各城西北隅安置毗沙门天王像，又于佛寺别院安置天王像。直至五代，此风尚盛，见于正史。其风所播，远及日本。他如文殊师利菩萨（Manjusri）亦为世所尊崇焉。

自美术形制上观之，则此期之特征在历来造像姿势方式之更改。佛陀菩萨，向必正面直立者，今竟自腰部弯曲或扭转，或竟有做行动之姿势或表示虔诚信仰之至情者。此种动作上及感情上之自由表现，乃引起雕塑技术之自由。在第三量上亦得充分表示，较近自然。故与西方所谓造型美术之观念亦较近。由一方面观之，此可称为中国雕塑史中登峰造极之时期，然六朝造像庄严和谐之风，殆无遗矣。然而此写实之风，只此昙花一现，不及数年而表情动作之能力已完全丧失矣。唐顺宗（公元9世纪）、宪宗以后，而唐代雕塑术亦随国祚日衰，率多死板无生气矣。

晚唐以后，雕塑遗物渐少。其原因亦颇复杂。盖自玄宗以后，画之地位日高而塑之地位日下，故渐为世人所不注意。且民间供养佛像，画像较塑像易制且廉。政治情形，亦不利于美术之创造。藩镇割据，中国已无安乐土。长安帝都亦屡经兵灾，宫殿庙宇多被焚毁，而画塑诸宝亦随之而灭。不唯是也。武宗于会昌五年（公元845年），惑于刘玄靖等之说,敕毁天下佛寺,只留少数,以天下废寺铜像钟磬铸钱,铁像铸农具,金银输石像则销付度支。计拆四千六百余寺,僧尼还俗者二十六万五百人,史称"会昌灭法"。于佛教史中,此为第三次大劫,亦最烈之一次也。其影响于美术者,则此时人民信仰之笃,已不如前,民力经济,亦不丰裕,虽有宣宗大中二年(公元848年)之复法,然已一蹶不振矣。

除窟崖外,石像遗物极多,大村西崖列举不下数百。其时代特征与窟像同,所用石料亦就地而异,前已屡述,不赘。然大村所举,最古者贞观元年,武后及玄宗二世,造像最多。而《金石录》所载宣宗大中元年(公元847年)李栖辰造弥勒像(四川荣县),距灭法不过二年,亦为罕事(图170)。

铜像瓦像亦移。然铜像多极小,其最大者不过尺余,如日本志田氏所藏菩萨。数寸小匋佛,市面散见极多,然太小不足以见其艺。

美国彭省大学(宾夕法尼亚大学)美术馆(Pennsylvania)藏罗汉为琉璃瓦塑。大如生人。神容逼真,唐代真容,于此像可见之。像共四尊,一在纽约市州立博物馆,其二在伦敦大英博物馆。四尊之中,以彭省者为最精。实唐代作品之最上乘也(图171)。①

哈佛大学Fogg美术馆藏敦煌佛像为泥塑佛像之普通作品。虽非艺术精品,然可为普通标准。此像原有彩色,今尚隐约可见。原在敦煌石窟,为哈佛教授Warner所得。经其精心研究后,认为第八世纪中叶以前(初唐盛唐)物。实为难得可贵(图172)。

① 此四像之图片未能得到,暂以与之类似者代替之。像藏美国堪萨斯城奈尔逊·阿金斯美术馆。——傅熹年注

图170四川荣县大佛,建造距灭法不过二年,亦为罕事

图171 美国堪萨斯城纳尔逊艺术博物馆馆藏的唐三彩罗汉像

图172 美国哈佛大学福格美术馆藏敦煌泥塑

小 结

中国的雕塑,尤其是佛教雕塑,在唐代直抵顶峰。北魏开始的龙门石窟达到新的高度。在唐帝国版图之内,到处都在热情地雕凿佛像。大约在9世纪末,中原的信徒们失去了对石窟的兴趣。敦煌石窟仍在继续,在中国中部,石窟开凿转移到四川,那儿有一些晚唐的石窟。在四川这一活动历经宋、元,延续到明代。

唐初与隋代的风格接近,很难明确区分。到7世纪中期,唐代自己的风格出现了,雕像更加自然主义了。大多数立像呈S形姿势,由一条腿平衡,放松的那条腿的臀部和同侧的肩部略向前倾。头部稍稍偏向另一边。躯体丰满,腰部仍细。菩萨的脸部饱满,眉毛优雅地弯曲,不像前一时期那样过分,很自然地呈弧形勾画出天庭。眉弓下也不再有凹沟。眼睛上皮更宽,眉下的曲面减窄。鼻子稍短,鼻梁稍短也稍低。鼻端与嘴稍近,嘴唇更有表情。发际移下,额头高度稍减,这时期的菩萨像的装饰不那么华丽了。头巾简化,头发在头顶上堆成高髻。服装更合身。仍然戴着珠串,但挂着的饰物减少了。

到8世纪初,出现一种非常人性化的如来佛像。他被雕凿成一个自我满足的、心宽体胖的俗世之人,下巴松弛,看不见颈子,有胖胖凸出的肚子。这是关于在菩提伽叶森林中修行的苦行者的不寻常的观念。这样的佛像不多见,但就人体形象的雕凿而言是十分高超的。可以说,大足石刻具有浓厚的生活气息和多样的处理手法。

唐末,在四川人迹罕至地区的石窟中出现由新传播的密宗(或密教,意为秘密教派)搞的反映奇幻心理的偶像。不过人和服饰的处理与唐代传统相似。那里,一整片墙只描绘一个题材。同时期在敦煌一再出现的描绘净土的壁画,用堆塑来表现,用单一的构图。这在先前的石窟雕塑中从未见过。

唐代雕刻家雕刻动物的技艺特别高超,许多作品藏在唐代帝王陵墓中的地下。欧洲和美国博物馆展出了小件作品。

宋、辽、金

宋代雕塑最突出之点是脸部浑圆,额头比以前宽,短鼻,眉毛弧形不显,眼上皮更宽,嘴唇较厚,口小,笑容几乎消失,颈部处理自然,自胸部伸出,支持头颅,与头胸之间没有分明的界线。

自唐末兵燹之后，继以五代，中国不宁者百年，文物日下。赵宋一统，元气稍复，艺术亦渐有生气。此时代造像，就形制言，或仿隋唐，或自寻新路，其年代颇难鉴别，学者研究尚未有绝对区分之特征。要之大体似唐像，面容多呆板无灵性之表现，衣褶则流畅，乃至飞舞。身板儿亦死板，少解剖之观察。就材料言，除少数之窟崖外，其他单像多用泥塑木雕，金像则铜像以外尚有铁像铸造，而唐代盛行之塑壁至此犹盛。普通石像亦有，然不如李唐之多矣。

宋代雕塑。唐朝之后，石造佛像几乎停止了。宋代庙宇中供奉的佛像是木刻的或泥塑的，偶尔也有用铜铸的。只有四川地区的石窟中例外。几乎没有铜佛像能在以后各时期逃避被熔化之祸而流传至今。最有名的例外是河北正定的70英尺高的铜观音，它由宋太祖（960～976年在位）下令铸造。泥塑佛像不计其数。极精美的一组在大同华严寺祭台上。河北蓟县独乐寺十一面泥塑观音像高60英尺（18米），风格十分接近唐代传统，是中国最高大的泥塑佛像。许多宋代木雕佛像流入西方博物馆。

宋代雕塑最突出之点是脸部浑圆，额头比以前宽，短鼻，眉毛弧形不显，眼上皮更宽，嘴唇较厚，口小，笑容几乎消失，颈部处理自然，自胸部伸出，支持头颅，与头胸之间没有分明的界线。

唐朝菩萨那种s形曲线姿势不见了。宋代雕塑虽然并不僵硬，但唐代那种轻松地支持体重并降低放松的那一侧身体的安闲相不是宋代雕刻者所能掌握的。禅宗搞出另一种观音像，她坐在石头上，一脚踏石，一脚垂下。这种复杂的姿势向雕刻家提出了处理身躯和衣褶的新问题。

南宋时期，四川石窟雕刻艺术衰落，尤其是菩萨像，此时日益显现为女身。服装过分华丽，珠宝、装饰太多。姿势僵硬，甚至冷淡，表情空漠。四川最好的作品是大足石刻中少女般的菩萨群像。

各地雕塑造像

宋一
重庆市大足县周家白鹤林摩崖造像

周家白鹤林在县治北门外三里，南向，略偏东。其地俗称菩萨崖，东距佛湾约里许，唯地势较低，造像之数，亦寥寥十数龛而已。像之大部，现已凋毁，但迤西一龛，布局奇特，极足引人注目。其主像趺坐高台上，后侧平列坐像二排，下排承以须弥座，上排向外挑出，若凌空之架，每排镌像八尊，上排复刻二立像，紧倚主像左右，疑即阿难、迦叶及十六阿罗汉（图001）。另一龛琢主像三尊及二尊者，下刻小像十二躯（图002），成一横列，其法虽见北崖唐末、五代作品，但此龛之座，下部浮雕莲花荷叶，显属宋式。诸龛铭记，大都剥损，只存宋元丰八年（公元1085年）数字，与造像式样，适相符应，其为宋刻，断然无疑。

001

图001、002 重庆市大足县周家白鹤林摩崖造像

宋一
重庆市大足县宝顶寺摩崖造像

寺在县治东北三十里宝顶山上，原名圣寿寺，创于唐，宋熙宁中改今名。现存门殿五重，及左右廊庑杂舍，范围颇巨，唯仅大殿内铜钟一口，铸于明洪武八年，自余制作，等邻而下，卑不足论。《通志、县志》载此寺为毗卢佛或维摩祖师道场，亦皆缘饰附会，不足置辩。

寺外西南一谷，平面作冂形。沿谷之三面，镌佛像多尊，大者逾丈，小者盈尺，殆难算计，内除少数宋刻外，余皆出于明制（图003）。唯后者规模数量，虽为明代唯一巨作，而像之姿态，皆上身微俯；帽式前昂后低，镂饰繁密；丰颐厚颊，颧骨略耸；神情鄙犷，迹近颠顸，至不足取。

冂形谷之中央一面，就崖石凿佛涅槃像一躯，真容伟巨，殆为国内首选（图004~006）。其右侧崖面，琢孔雀明王（图007）及杂像多尊，布局极凌乱。左侧之崖略长。首镌千手观音，约高五公尺，阔六公尺，外覆以屋（图008）。自此往南，大小佛像，依次错布，内有立像三尊，约高七公尺。次一泉，雕龙首数具。泉南牛群，据《金石苑》杨次公《牧牛颂》，当刻于宋季，然不逮传说之妙。再次一窟，平面长方形，中央雕主像三尊，左右壁菩萨各六躯，背面镌云石拥簇，若塑壁状，乃明刻之较佳者。其末端数窟，布局题材，与衣饰纹样，酷似北崖中部诸刻，当为南宋造。

图003 重庆市大足县宝顶寺摩崖造像
图004 重庆市大足县宝顶寺崖刻佛涅槃像

223

006

图005、006 大足县宝顶寺崖刻佛涅槃像

图007 大足宝顶寺崖刻孔雀明王

图008 大足宝顶寺崖刻千手观音

宋一

四川阆中县青崖山摩崖造像

自县治循公路东南二十里，过双龙场。再三里，公路西侧，有造像多龛，星罗棋布，若断若续，而主龛位于南端（图OO9）。龛约阔六公尺，高四公尺余。台基刻壹门一列，内镌乐队，尚生动（图O10）。台上主像垂足坐，足踏俯莲（图O11），左右侍立菩萨尊者各四尊（图O12），唯外角金刚，已毁其一。诸像之后，以浮雕像多尊为背景（图O13），曾见梓潼千佛崖唐刻，但此龛诸像，长身细腰而手过短，比例权衡，绝非唐刻。《县志》谓凿于宋淳熙间，似可信。

009

图OO9 四川阆中县青崖山摩崖造像主龛

图010·青崖山摩崖主龛台基石刻
图011·青崖山摩崖主龛主像

图012青崖山摩崖主龛主像左右侍立菩萨

图013 青崖山摩崖主龛其他佛像

宋一

巴县崇胜寺摩崖造像

　　崇胜寺亦名温泉寺，在县治西北百二十里宝峰山麓，下瞰嘉陵江，风景幽邃，流泉潆带，自宋以来称为胜地。据《县志》及寺内碑记，寺创自宋元丰中，岁久倾圮，明宣德成化间重建。

　　上殿西南，有摩崖二处，一刻罗汉四尊及龙一，一刻天然如意碲与罗汉三尊，风度端整，衣纹生动，审系宋人作品（图014、015）。寺南二百公尺处，复有摩崖小塔多处，内刻佛像一尊（图016）证以大足县北崖造像，当为南宋时所镌。

014

图014～016 四川巴县崇胜寺摩崖造像

辽一

河北蓟县独乐寺造像

山门

南面梢间立塑像二尊，称为哼哈二将，而呼山门为"哼哈殿"。像状至凶狞，肩际长巾，飘然若动。东立者闭口握拳，为"哼"。西立者开口伸掌为"哈"。实为天王也。像皆前倾，背系以铁索。新涂彩画甚劣（图017）。

观音阁

观音阁是一座外表上两层实际上三层的木结构。它是环绕着一尊高约16米的十一面观音的泥塑像建造起来的。因此，二层和三层的楼板，中央部分都留出一个空井，让这尊高大的塑像，由地面层穿过上面两层，树立在当中。这样在第二层，瞻拜者就可以达到观音的下垂的右手的高度，到第三层，他们就可以站在菩萨胸部的高度，抬起头来瞻仰观音菩萨慈祥的面孔和举起的左手，令人感到这一尊巨像，尽管那样的大，可是十分亲切。同时从地面上通过两层的楼井向上看，观者的像又是那样高大雄伟。在这一点上，当时的匠师在处理瞻拜者和菩萨像的关系上，应该说是非常成功的。

十一面观音像，实为本阁（或本寺）之主人翁。像高约16米，立须弥坛上，二菩萨侍立。相传像为檀香整木刻成，实则中空而泥塑者也。像弯眉楔鼻，长目圆颔，微带慈笑；腹部微突，身向前倾；衣褶缓和，两臂上飘带下垂，下端贴莲座上，皆为唐代特征。然历代重修，原形稍改，而近代彩画，尤为可厌（图018~021）。坛上左右侍立菩萨，姿势手法，尤为精妙，疑亦唐代物也（图022）。坛上尚有像数尊，率皆明清以后供养，兹不赘。

图017河北蓟县独乐寺山门天王像

018	019
020	021

图018~021河北蓟县独乐寺观音阁观音像

图022 河北蓟县独乐寺观音阁侍立菩萨,姿势手法,尤为精妙,疑亦唐代物也

辽一
山西大同下华严寺薄伽教藏殿造像

　　佛像殿内砖台上，中央三间，各置如来佛一躯，四隅列金刚各一。如来佛之前，杂置大小佛像多尊，极类唐大雁塔门楣雕刻之构图。诸像或结跏坐，或蹲足坐，或立，或合掌，或扬手，姿态不一（图023～042）。其中有立于莲座上者，合掌微笑露齿，最不经见（图029）。除少数近代恶劣作品外，其余大小三十一尊，面貌衣饰，如出一手，一见辨为辽代遗物。此殿之像，雅丽有余，而庄严不足，立像之风度，亦不及独乐寺观音阁胁侍之隽逸，殆为作者表现能力所限。

　　当心间之如来像，跌坐莲座上，下承八角形之台二重，无枭混曲线。台上莲瓣四层，形制甚美，其表面饰金线立粉之佛像，构图极秀逸（图027）。如来像作说法施无畏相，尚静穆，不失中上之选（图023～026）。背光之内侧，饰网目形花纹，与奉国寺大雄宝殿梁下者类似，决为辽代图案。背光外侧之火焰，亦尚存唐以来旧型，视明以后者，形制迥异。两侧复有飞仙各一，显与佛像同时所制（图028）。唯火焰线条颇柔和，无云冈石刻之遒劲，其色彩似经后世重描，非本来面目。

图023、024 山西大同下华严寺薄伽教藏殿当心间如来佛像

图025、026 山西大同下华严寺薄伽教藏殿次间如来佛像

| 027 | 028 |

图027山西大同下华严寺薄伽教藏殿佛座表面饰金线立粉之佛像
图028山西大同下华严寺如来背光上之飞仙

图029 山西大同下华严寺合掌微笑之佛,合掌微笑露齿,最不经见

030	031
032	033

034	035
036	037

图030～037教藏其他姿态各异的佛像

038	039
040	041

042

图038～042教藏其他姿态各异的佛像

辽一
大同上华严寺大雄宝殿造像

　　佛像中央砖台上，置如来五躯，据明成化元年碑，其中三躯，系宣德间，僧了然造于北京，余二躯成于宣德景泰间。今以全体比例，与面貌衣饰，及背光、火焰、花纹、金翅鸟等项观之，亦确出明人之手。然胁侍中有数尊，虽迭经后世涂饰，略失原形，而权衡比例及姿态神情，犹能辨为辽金旧制（图043～048）。

图043山西大同上华严寺大雄宝殿佛像全景

图044 山西大同上华严寺大雄宝殿佛像全景
图045 上寺大雄宝殿明间主尊一（之一）
图046 上寺大雄宝殿明间主尊一（之二）

图047上寺大雄宝殿胁侍菩萨

图048 上寺大雄宝殿两侧之护法天王

金一

大同善化寺大雄宝殿造像

佛像殿内中央五间，自东至西，设砖台，后接老檐柱，前达后金柱，约尽二椽架之长。砖台上，于每间中央，各列如来像一尊，下承莲座（图049）。座后角系方形，前部二角，则向内递收三折。上饰莲瓣、火珠、三角柿蒂及狮首等，手法甚雄健。其三角柿蒂，曾著录营造法式，明以后用者甚稀。狮首张口，踞前二足，极似义县广祐寺辽砖塔之雕刻，故此殿中央五佛之座，应俱为辽物。座上佛像，虽经后世修补，但其姿容凝重，无板滞之病，衣纹亦极流丽，宜与殿之年代相同，惜后部背光，为明以后所增（图050）。中央三如来像之两侧，各有胁侍立像一尊，台前每间又各有一像，立于六角莲座上（图052），俱权衡适度，确系辽塑。

沿东西壁，复有砖台，置立像各十二尊，即护法二十四诸天王像（图053）。诸像姿态不一，而以东壁六手观音一尊，最为丰美自然（图051），明清二代塑像中，决难觅此佳作。

图049 大同善化寺大雄宝殿佛像全景

图050 大雄宝殿主尊如来

图051 东壁六手观音,最为丰美自然,明清二代塑像中,决难觅此佳作

图052 大雄宝殿胁侍
图053 大雄宝殿护法天王之一

金一
大同善化寺三圣殿佛像

佛像殿内中央三间，扇面墙之前为砖台，上供佛像，中为如来，左右为菩萨。如来左右，尚有胁侍二尊。如来全部金身，菩萨则涂丹垩。像座形制，与大雄宝殿像座完全相同（图054~056）。

砖台前部之中央，凸出少许，上供如来小像并胁侍，颇嫌蛇足之赘。扇面墙背后为韦驮。殿东北角，供关帝并侍立诸像。

054

055	056

图054~056 三圣殿佛像

辽一

山西五台山佛光寺文殊殿造像

佛像文殊殿当心间的后内柱之间安版壁作扇面墙，它的前面是一个坛，上面供着文殊菩萨像，两旁有菩萨侍立（图057）这几尊像的作风大致仿唐式，但是宝冠和衣褶之繁复与河北宝坻广济寺三大士殿相传刘元所塑的菩萨最相近似，大概是约略同时的遗物（图058~063）。

图057、058 山西五台山佛光寺文殊殿文殊像

059	060
061	062

063

图059~063 山西五台山佛光寺文殊殿胁侍菩萨像

辽一
河北宝坻三大士殿造像

殿的主人翁就是殿名所称的"三大士"。在广大的砖坛上，当心间及次间各供一位。坛上有朝服像一尊，胁侍八尊，坛下有侍立菩萨像六尊，卫法神像二尊。梢间沿东西山墙下有十八罗汉像。扇面墙北面有五大师菩萨并胁侍共七尊。共计像四十五尊。

若按手法定时代，殿内诸像显然可分别出两种不同的手法来。三大士像及侍立诸菩萨像属于一种。朝服像、卫法神、十八罗汉、五大师菩萨是属于又一种。按县志卷十五："其中三大士暨诸天神像，貌一一奇古，不类近代装；或曰乃刘元所改塑也。"按刘元乃元代最有名的塑像师，通称"刘銮塑"，宝坻人。就地理上看来，刘元改塑之说是很有可能性的。史有刘銮其人，实即刘元，非两人也。至于按手法来定时代，则刘元之说，也像很合。现在我们若以几个唐、辽、宋、元、明、清的佛像比列相较，则其变化程序，自易分晓，而广济寺塑像在时代上的位置，自然也很明了了。

三大士像（图064～066）面部骤视，略嫌笨拙，尤其是下颔两腮，颇感太肥，但五官各部仔细分析，眉目鼻都极"唐式"，唯有口边没有唐式慈祥的微笑，致使精神大异，使我们感着他稍带尘俗之气。至于衣褶流丽，雕饰精巧，在明清雕塑难找可与比较的作品。而三大士的手，精美绝伦，可说是殿中雕塑最精彩处。

这三尊像，大致相似，而姿态衣饰略有不同，他们的手势，三位各异。所谓"三大士"者，说法很多，最普通的说法是观音、文殊、普贤。钢和泰先生的意思，认为正中者是观音，左（东）文殊，右（西）普贤。文殊手中原先拿着书卷之类，现虽失去，但是两手一上一下，还表示捧着东西的姿势。至于他们的衣饰虽各不同，而精美则一，显然不是一个普通的匠人所能做的。

像座三个差不多完全相同，下面是八角须弥座，每面有伏狮承驮，在辽宁义县辽塔上有那种做法。须弥座之上是莲座，被后世彩色乱涂，丑怪得很。

每位大士像之前，都有两尊胁侍菩萨像，而中央像旁，更有两位侍立童子和一尊朝服像（这像是后来添塑，这里暂不讨论）。坛下左右也有四菩萨二童子。

菩萨像高约4.20米，童子像高约3.10米。这十尊侍立像，都是细腰挺腹，衣褶流丽，所保存的唐风，较中央像尤多。若不小心，几乎可以说大像与侍像是属于两个时代的。

在所有艺术发达的程序上，陪衬的部分，差不多总要比主要的部分落后一点。主要部分已充分的表现某时代色彩，而陪衬部分尚保持前期特征，已成了一种必然的趋势。因为主要的部分，多由当代大师塑绘，而次要部分则由门徒们帮同动手，大师多为时代先驱，开风气之先，而徒弟们往往稍微落后。在欧洲各时代的作品，尤其在哥德式庙堂雕饰上，这种趋势最为明显。至于我国古艺术，单以独乐寺十一面观音像为例，这一点已极明显，胁侍两菩萨的确比中央大像"唐式"得多。三大士像及"侍立诸天神"，也足以做这种趋势的代表（图067）。

属于另一种手法的是左右卫法二神，正中朝服像，十八罗汉及五大师。他们的特征是一种显然笨拙而不自然的样子。其中较精的一尊是西面卫法神像（图068），它是一位红脸的武士，右手执戟，面部的塑法颇为写实的而稍带俗气，但全部不失为一件精美的塑像。东面一位白脸的（图069），合掌侍立，面部手部都呆板无生气，大概都是近代所补塑。十八罗汉无一佳作。五大师像及二侍者堆在草中。密宗影响尤重，不足以列于艺术。

图064 河北宝坻县三大士殿观音像

065
066

图065 河北宝坻县三大士殿文殊菩萨像

图066 河北宝坻县三大士殿普贤像,这三尊像,大致相似,而姿态衣饰略有不同,他们的手势,三位各异。三大士的手,精美绝伦,可说是殿中雕塑最精彩处

图067 河北宝坻县三大士殿胁侍像（局部）
图068 河北宝坻县三大士殿西卫法神像

图069 河北宝坻县三大士殿东卫法神像

宋一

河北正定县隆兴寺造像

自唐以后，铸铁像之风渐盛。铁像率多大于铜像，其铸法亦较粗陋；其宗教思想之表现亦较少，与自然及日常生活较近。此点可与木像相符。不幸此种铁像多经熔毁，唯头遗下者颇多。然在山西晋祠及河南登封尚存数尊。皆为雄赳武夫。晋祠像为宋绍圣四年（公元1097年）作（图070）。

宋塑壁遗物以正定隆兴寺为重要，甪直杨惠之壁已毁，幸得大村摄影以存。正定壁由美术及历史上观之，其价值皆远在杨壁之下，固无待赘言。

隆兴寺大佛殿为宋开宝间（公元968～976年）物，其建筑已破毁过半，然在斗栱及柱尚得见宋代形迹。摩尼殿内东壁阳刻塑壁像，则犹得见宋时手法。壁分三区，第一区为普贤菩萨骑象，多数天部眷属随从。其背影则大海之上飞云摇曳、天盖、佛阁、宝塔、飞天、龙等等皆驾云相随，最远处则远山突兀。其姿势样式，犹有唐风，然而就每像各个言，颇缺灵性，盖宋物而与大佛同时所造也（图071）。现存色彩，当属补修时所涂。第二区为文殊，殆清初改修，技工颇下。第三区及西壁亦似清初物。

隆兴寺本尊为观音铜像，为开宝间物。《金石萃编》载高七十三尺，四十二臂，宝相穹窿，瞻之弥高，仰之益躬……实高不过五十尺以下。为我国现存最大铜像（图072）。面相虽善，然衣褶线路颇不调和，殆宋物而后世大加修改者也。

图070 太原晋祠铁人像(孟繁兴摄)

图071 河北正定县隆兴寺宋壁塑
图072 河北正定县隆兴寺观音铜像，为我国现存最大铜像

小　结

宋代石像亦有唐风，其像略如前述，但其布局，率多加以山水树木鸟兽，加以画风，是前代所少。然以画风加诸雕塑，以材料论似不相宜也。

房山云居寺雕刻为辽天庆七年（公元1117年）物，其特征亦略如是。

近来木像之运于欧美者甚多，然在美术上殆不得称品。其中有特殊一种，最堪注意。此种为数甚多，皆观音像，一足下垂，一足上踞，一臂下垂，一臂倚踞足膝上，称Maharajalilasana姿势。其中最大者在费城彭省大学美术馆，其形态最庄严（图073）。波士顿美术馆所藏者则较迟。其姿势较活动，首稍偏转，左肩微耸，上身微弯，衣饰华美。与费城像比较，则可见其区别矣（图074）。其中一尊有金大定年号，而此诸像，形制多类似，亦俱得自燕冀北部，殆皆此时代之物欤。至于菩萨木立像，率多呆板，不足引起兴趣，亦缺美术价值，不足为宋代雕刻之上品也。

然就偶像学论，则宋代最受信仰者观音，其姿态益活动秀丽，竟由象征之偶像，变为和蔼可亲之人类。且性别亦变为女，女性美遂成观音特征之一矣。

图073 美国彭省大学（宾夕法尼亚大学）美术馆藏自在观音像

图074 美国波士顿美术馆藏自在观音像

元、明

元代,喇嘛教从西藏传入中原,该教派的雕塑匠人也来了。

明、清两代是中国雕塑史上可悲的时期。

这个时期的雕像,

一没有汉代的粗犷;
二没有六朝的古典妩媚;
三没有唐代的成熟自信;
四没有宋代的洛可可式优雅。

雕塑者的技艺蜕变为没有灵气的手工劳动。

元入中国，中国美术界颇受影响。蒙古民族对于中国美术上并无若何新贡献，而行军所至蹂躏破坏尤多。其取于美术者，为其足以光大发扬帝国及可汗之武功。其于宗教，墓上之建筑创作甚少，故雕塑发展之机会亦受限制。当时元代诸帝，皆慕中国文化，然而社会对于佛教之信仰日微，佛寺财富日绌，寺院已入破坏时代矣。考之记载，明永乐年间之重修寺院，甚形发达，益可证明元代寺院之颓废。故黄河以北诸寺，大多立于隋唐，重修于永乐，再修于乾隆。鉴于元代创立并修葺寺院之少，可推定其佛教雕塑之不多。然新像之创造，概多用泥、木、漆一类较不耐久之材料，而金石之用为像者，殆已极少。

元史中塑家之最著者有阿尼哥及刘元。阿尼哥为尼波罗国人（Nepal，尼泊尔），专善画塑及铸金为像……两京寺观之像，多出其手。刘元尝从阿尼哥学西天梵相，称绝艺。两都名刹，塑土范金，搏抗为佛像，出元手者，神思妙合，天下称之。相传北平朝阳门外东岳庙有元塑像，至今尚存。中国艺术至元代而大受喇嘛式影响者，盖阿尼哥之故也。

居庸关门洞壁上四天王像可称元代雕塑之代表（图001、002）。天王皆在极剧烈之动作中。其雕出不高，光影之反衬不甚强，然其路线则为绝对的动的。四天王之外，尚有各种雕饰，如人物、天王、飞天、龙、狮、花草、念珠等物，虽各皆雕刻精美，然大都散杂，于建筑之机能，无所表现也。

图001 北京居庸关云台天王像之一
图002 北京居庸关云台天王像之二

各地雕塑造像

元一
山西洪洞县广胜寺上寺造像

前殿塑像颇佳（图003），虽已经过多次的重塑，但尚保存原来清秀之气。佛像两旁侍立像，宋风十足，背面像则略次。

图003山西洪洞县广胜寺上寺前殿菩萨

元—
山西洪洞县广胜寺下寺正殿造像

正殿佛像五尊，塑工精极，虽然经过多次的重妆，还与大同华严寺薄伽教藏殿塑像多少相似。侍立诸菩萨尤为俏丽有神，饶有唐风，佛容衣带，庄者庄，逸者逸，塑造技艺，实臻绝顶（图004）。东西山墙下十八罗汉，并无特长，当非原物。

图004 山西洪洞县广胜寺下寺正殿菩萨

明一

山西汾阳县小相村灵岩寺

　　小相村与大相村一样在汾阳文水之间的公路旁，但大相村在路东，而小相村却在路西，且离汾阳亦较远。灵岩寺在山坡上，远在村后，一塔秀挺，楼阁巍然，殿瓦琉璃，辉映闪烁夕阳中，望去易知为明清物，但景物婉丽可人，不容过路人弃置不睬。

　　离开公路，沿土路行可四五里达村前门楼。楼跨土城上，下圆券洞门，一如其他山西所见村落。村内一路贯全村前后，雨后泥泞崎岖，难同入蜀，愈行愈疲，愈觉灵岩寺之远，始悟汾阳一带，平原楼阁远望转近，不易用印象来计算距离的。及到寺前，残破中虽仅存在山门券洞，但寺址之大，一望而知。

　　进门只见瓦砾土丘，满目荒凉，中间天王殿遗址，隆起如冢，气象堂皇。道中所见砖塔及重楼，尚落后甚远，更进又一土丘，当为原来前殿——中间露天趺坐两铁佛，中夹一无像大莲座，斜阳一瞥，奇趣动人，行人倦旅，至此几顿生妙悟，进入新境。再后当为正殿址（图005），背景里楼塔愈迫近，更有铁佛三尊，趺坐慈静如前，东首一尊且低头前俯，现悯恻垂注之情（图006）。此时远山晚晴，天空如宇，两址反不殿而殿，严肃丽都，不借梁栋丹青，朝拜者亦更沉默虔敬，不由自主了。

　　铁像有明正德年号，铸工极精，前殿正中一尊已倾坐地下，半埋入土，塑工清秀，在明代佛像中可称上品（图007）。

005
006

图005 山西汾阳县小相村灵岩寺正殿遗址三尊大佛

图006 林徽因与大佛

图007 前殿正中一尊已半埋入土的大佛,明代佛像的上品

元一

云南大理县中央皇帝庙造像

中央皇帝庙塑像在城北四十五里喜洲镇南。元时塑像在正殿内，约高三公尺半，危坐按剑，冠制犹为元式（图008）。

图008 云南大理县喜洲中央皇帝庙塑像

明—

云南安宁县曹溪寺大殿佛像与法华寺石刻

　　曹溪寺大殿在县城西北二十里凤城山。元建大殿东向，平面方形，每面三间，重檐歇山造。但仅下檐为元代原物，上檐斗栱及门窗装修，以经明代修改。佛像亦皆明塑（图009～012）。

　　法华寺石刻在城东十五里洛阳山，宋（大理国时期）造。寺后西南侧崖上有卧佛一躯，约长四公尺，东侧石崖上，又刻罗汉十八龛及达摩像，另有一佛，抱膝蹲坐，俱类宋代手法。此外另有明以后石刻数龛（图013～016）。

009

图009~012云南安宁县曹溪寺大殿佛像

013	
014	015

图013、014寺后西南侧崖上的一尊卧佛
图015寺后东侧石崖上的抱膝而坐的大佛

图016 云南安宁县法华寺石刻

明—
云南宾川县鸡足山传灯寺造像

鸡足山传灯寺明代铜佛（图017）。

图017 云南宾川县鸡足山传灯寺明代铜佛

明—
云南丽江县宝积宫造像

宝积宫在琉璃殿后。明万历四十年（公元1612年）建。殿方形，每面三间。重檐歇山造，内部壁画佛像，虽不逮琉璃殿，亦皆明人作品（图018、019）。

皈依堂在城内官院巷。明成化七年（公元1471年）建。明土知府木嵌建。内部壁画与雕空佛像版甚精美（图020、021）。

018

图018 云南丽江县宝积宫佛像

图019云南丽江县宝积宫佛像

图020、021 云南丽江县皈依堂木雕佛像

小　结

　　元代，喇嘛教从西藏传入中原，该教派的雕塑匠人也来了。他们影响了明、清的雕塑。他们的塑像大都交腿而坐，胸宽，腰细如蜂，肩方，头部短胖，前额重现全身的韵律。头顶是平的，上面有浓密的螺髻，是如来佛头顶上特有的疙瘩形发式。

　　明、清两代是中国雕塑史上可悲的时期。这个时期的雕像，一没有汉代的粗犷；二没有六朝的古典妩媚；三没有唐代的成熟自信；四没有宋代的洛可可式优雅。雕塑者的技艺蜕变为没有灵气的手工劳动。

梁思成的生平

。

。

。

成 长

1898年戊戌变法失败，梁启超逃亡日本。1901年梁思成在日本东京出生，1912年梁思成随父母回国。

1915年，梁思成进入清华学校。他除了学业优秀外，兴趣十分广泛，爱好体育运动，并擅长音乐及美术。另一方面学校提倡各种社团活动，对培养学生的民主精神及全面发展很有好处。

梁启超十分担心孩子们在清华接受了西方文化，而丢了国学。于是他每在假期为子女讲学，先讲《国学源流》，后讲《孟子》《墨子》《前清一代学术》等。梁思成回忆说："父亲的观点很明确，而且信心极强，似乎觉得全世界都应当同意他的观点。"清华8年的教育和梁启超的影响，对梁思成形成乐观开朗的性格、不断进取的精神、坚定的自信心、学术上严谨的作风、广泛的兴趣与爱好，起了决定性的作用，并使梁思成成为一个炽热的爱国主义者，对祖国、对民族文化的热爱胜过了一切。

1924年，梁思成和林徽因同去美国宾夕法尼亚大学建筑系学习。但是那时建筑系不招女生，林徽因也和一些美国女学生一样报的是美术系，但选修建筑系的课程。她是我国第一个女建筑师。

梁启超这样教育梁思成：

"……凡学校所学不外规矩方面的事，若巧则要离开了学校才能发现。……况且一位大文学家，大美术家之成就，常常还要许多环境及附带学术的帮助。中国先辈说要'读万卷书，行万里路'。将来你学成之后要常常找机会转变自己的眼界和胸襟，到那时候或者天才会爆发出来，今尚非其时也。"

"……这种境界，固然关系人格修养之全部，但学业上之熏染陶熔，影响亦非小。因为我们做学问的人，学业便占却全部生活之主要部分。学业内容之充实扩大，与生命内容之充实扩大成正比例……"

梁思成正是这样遵循父亲的教导去做的，他从宾夕法尼亚大学毕业后转入哈佛大学研究院准备完成《中国宫室史》的论文，但他在哈佛读遍了所有有关的资料后发现不能依靠这些资料去完成他的论文，他必须回国进行实地调查。

1928年梁思成、林徽因在加拿大渥太华结婚，婚后到欧洲各国去游历。他们尚未完成欧游计划，因梁启超病危而匆匆回国。

美国学者费正清曾这样概括梁思成与林徽因所受的教育："在我们历来所结识的人士中，他们是最具有深厚的双重文化修养的。因为他们不仅受过正统的中国古典文化的教育，而且在欧洲和美国进行过深入学习和广泛的旅行。这使他们得以在学贯中西的基础上形成自己的审美兴趣和标准。"

梁思成在美学习时看到欧洲各国均有自己的建筑史，并逐步认识到建筑是民族文化的结晶，也是民族文化的象征，我国有灿烂的民族文化，怎能没有建筑史，因此他决心要研究中国的建筑发展史。1928年他们回国，先到沈阳的东北大学去创办建筑系，这是当时我国最早的两个建筑系之一。但这个建筑系只办了3年就因"九一八"事变而结束了，梁思成也因此回到北平转入专门研究中国古建筑的学术机构中国营造学社①从事中国古建筑的研究。

第一本阐述中国古建筑做法的现代读物

学社早期的工作注重于文献方面。中国几千年文化留传下来的有关建筑技术方面的书籍，仅有两部。一部是宋代的《营造法式》，它是中国古籍中最完善的一部专书，是研究中国建筑史的一部不可少的参考书。另一部是清代官订的

① 有关中国营造学社请参阅《叩开鲁班的大门——中国营造学社史略》一书，林洙著2007年天津百花出版社出版。

《工部工程做法则例》。

但是这两本书的内容既专又偏,一般人看不懂。匠人们不识字,也不用书。有关的术语名词也因世代口授相传而演变,于是这两部巨著成了今日之谜。梁思成认为清代的《工部工程做法则例》更接近现代,应先从《工部工程做法则例》入手。因此他以故宫为教材,拜老木匠为师,开始了艰难的跋涉。

梁思成经过对清工部工程做法及各种民间抄本的深入研究,于1932年完成《清式营造则例》一书,该书并非《工部工程做法则例》的释本,而是以《工部工程做法则例》为蓝本,从那里边"提滤"出来的,旨在从建筑的角度对清代"官式"建筑的做法和清式营造原则做一个初步的介绍。这是我国第一本以现代科学的观点和方法总结中国古代建筑构造做法的读物。

1932年3月《清式营造则例》脱稿后,梁思成认为对清式的研究可暂告一段落。对古建筑更深入的研究不能停留在古籍中,必须对实物进行测绘调查。

中国第一篇古建筑调查报告

1932年春,梁思成首次赴蓟县调查独乐寺,当时上层知识分子很少下乡,他们不仅受制于交通,还有许多困难和危险。那些供旅客住宿的小客栈,通常只有火炕。蚊子、虱子、跳蚤,传染着各种疾病。饮食呢?到处布满了苍蝇,那时可怕的霍乱正在中国大地上到处蔓延。

梁思成在日记中写道:"这是一次难忘的考察,是我第一次离开主要交通干线的旅行。那辆在美国早就当成废铁的破车,还在北平和那座小城之间无定时地行驶。我们来到箭杆河,因旱季,它的主流仅30英尺宽,但是两岸之间的细沙河床却足有一英里半宽。我们渡过河水后。那辆公共汽车在松软的沙土上寸步难移。乘客们得多次下车把这辆破车推过整个河床，而引擎就冲着我们的眼鼻轰鸣，把沙土扬上来。为了这50英里路程我们花了3个多小时，当时我还不知道，在此后的几年中我会对这样的旅行习以为常，而毫不以为怪了。"

独乐寺群组，还保存有两座古建筑：一是山门，二是观音阁。观音阁从外观上看极像敦煌壁画中所见的唐代建筑，在艺术风格上也保持了唐朝的那种雄厚的风格。

总之独乐寺山门及观音阁的调查，为中国建筑史及《营造法式》的研究提供了丰富的实物资料，同时也证明了梁思成的研究道路及研究方法的正确。《蓟县独乐寺观音阁山门考》的发表，在国内外学术界均引起较大的反响。这篇报告之所以引起震动，有两个原因，一是因为独乐寺是当时我国已发现的最古的一座木构建筑；再一个原因是，这篇报告是我国第一篇用科学方法描述和分析中国古建筑的报告。

继独乐寺调查之后，从1932～1937年他跑遍了大半个中国大地。发现了举世无双的山西应县辽代木塔。这是全世界最高的一个木构建筑。在1937年6月他终于在五台山找到了唐代的木构建筑佛光寺大殿。正当他沉浸在发现唐代建筑的喜悦中时，抗日战争爆发了。

北平营造学社被迫解散。抗战期间梁思成又与部分学社成员对西南地区的古建筑进行考察。直至1941年，因营造学社的经费没有固定来源，他们不得不停止了野外调查。

从1932～1941年梁思成与学社同仁总计共调查了190个县市。1937年以前详细测绘的古建筑有206组建筑物2738座，西南地区的调查工作因学社成员分别离去，故未做统计。

我国第一本《中国建筑史》

从1942～1944年，梁思成根据多年调查古建筑的成果悉心研究建筑发展史，在实物的对照下终于读懂了宋代的《营造法式》这本"天书"。1944年他完成了《中国建筑史》的写作。这是我国第一本《中国建筑史》，还了他《中国建筑史》要由中国人来写的夙愿。与此同时他还写了英文版的《中国建筑史》——A Pictorial History of Chinese Architecture，这是一部以图版和照片为主，加以简要文字说明的读物，供外国读者阅读。在写作《中国建筑史》的空隙中他将《营造法式》用现代绘图法将它的每一章节绘制出来，这是他十几年研究《营造法式》的成果。梁思成虽然十几年来专注研究古建筑，但他的视野从来没有离开建筑设计，并注意到城市规划这门新学科的发展，这是他与一般古建专家所不同之处。

1945年抗日战争胜利，梁思成考虑到对中国建筑史的研究可以暂告一段落，国家正面临战后的复兴任务，尤其缺少建设人才。因而他建议母校开设建筑系，培养建设人才。清华大学校长梅贻琦很快接受了他的建议，并任命他为建筑系主任。

荣　誉

此时美国的耶鲁大学，来函聘请他为1946～1947年的客座教授，讲授中国艺术史及建筑史。美普林斯顿大学亦聘请他于1947年4月（正值该校200年大庆）参加"远东文化与社会"国际研讨会的领导工作。两份邀请函都赞扬了他不畏各种艰难险阻，坚持对中国古建筑进行研究并发表研究成果的顽强毅力。他忽然间成了一个国际知名的人物，为他的西方同行所关注。

1947年2月梁思成又被外交部推荐，任联合国大厦设计顾问团的中国代表。在耶鲁大学他系统地讲授了中国建筑发展史及雕塑史。办了一次中国古建筑图片展。在普林斯顿大学的学术研讨会上作了"唐宋雕塑"与"建筑发现"两个学术报告。也就是在这次会议上，他把四川大足的石刻艺术首次介绍给国际学术界。普林斯顿大学因他在中国建筑研究上的贡献，授予他荣誉文学博士学位。

在美国的一年多，他还参观考察了近二十年的新建筑，同时访问了国际闻名的建筑大师莱特（F.L.Wright）、格罗皮乌斯（Gropius）、沙里宁（E.Saarinen）等，出席了在普林斯顿大学召开的"体形环境"学术会议，接触了许许多多、大大小小的建筑师及有关住宅、城市规划、艺术和艺术理论、园艺学、生理学、公共卫生学等等方面的专家、权威。尽管他们各有派系、风格不同，但有一点是相同的：他们规划、设计的目标，就是生活以及工作上的舒适和视觉上的美观，强调对人的关怀。

尽管梁思成一向关注城市规划及建筑理论的动向，但经过这一年多在国外的考察，更深入了解到国际学术界在建筑理论方面的发展。建筑的范畴已从过去单栋的房子扩大到人类整个的"体形环境"，范围小自杯盘碗盏，大至整个城市，以至一个区域。建筑师的任务就是为人类建立政治、文化、生活、工商业等各方面的"舞台"。

创建营建系

梁思成从美国考察回来后，他总结了在美国考察一年多的收获，博采众长，并以他自己的建筑观为核心，提出"体形环境设计"的教学体系。认为建筑教育的任务已不仅仅是培养设计个体建筑的建筑师，还要造就广义的体形环境的规划人才，因此他将建筑系改名营建系。

梁思成回顾我国建筑教育的状况，决心要办一个达到国际最高水平的建筑系。

梁思成下决心对清华建筑系的教学计划做大幅度的修改，决定在营建系下设"建筑学"与"市镇规划"（这是我国高校第一个城市规划专业）两个专业。他认为从长远看，应设营建学院，下设建筑系、市镇规划系、造园系和工业技术学系。

梁思成说:"建筑师的知识要广博,要有哲学家的头脑、社会学家的眼光、工程师的精确与实践、心理学家的敏感、文学家的洞察力……但最本质的他应当是一个有文化修养的综合艺术家。这就是我要培养的建筑师。"

他非常注意树立民主的学风。他平易近人,又很诙谐,鼓励大家畅所欲言,年轻人在他面前从不感到拘谨。他也很信任大家,不管是教师或是学生在系里都感到很自由、很舒畅。他是以他的思想和理论来领导全系的。

梁思成在教学上进行的一系列的变动,是我国建筑教育中的重大革新。其中一些课程的设置也是很有远见的,它至今对建筑教育的发展方向仍有参考价值。那个教学计划执行到1952年开始全面学习苏联时停止。

赖德霖总结梁思成的教育思想时说:"梁思成的建筑教育思想是他建筑思想的一部分,集中体现了他对建筑学科研究对象的全面认识,也反映了他作为一个杰出的建筑家对学科发展方向的敏锐把握。这是他作为教育家的成功之处,也使他的建筑思想明显超越于大多数的同辈建筑家。在相距近半个世纪的今天,这些思想仍不失其活力。""梁思成的建筑教育思想也是中国近现代建筑思想的一部分,代表了近代中国建筑家对现代主义认识的一个高度,同时也表现出早期受学院派教育的中国建筑家在接受现代主义思想时的取舍与选择,这一点,也是非常值得深思的。"

国徽和人民英雄纪念碑

1949年10月中华人民共和国成立,多么惊心动魄、天翻地覆的变化,使一切善良的人们以为可以在一夜之间就"换了人间"。仿佛旧中国的一切污泥浊水、腐化、堕落、贪污浪费、官僚主义、专制独裁,一切一切都随着国民党一起被赶走了。

1949年梁思成被聘为全国政协的特邀代表。全国政协向全国及海外侨胞征集国旗国徽的图案及国歌词谱,他被聘为国徽评选委员会顾问。在他领导下,成立了清华大学营建系的国徽设计小组。在讨论国徽设计方案时他发表了如下意见:

(1)国徽不是一张图画,更不能像风景画。长城也好,天安门也好,中国人能画,外国人也能画。国徽主要是表示民族的传统精神,所以我们的任务是要以国旗为主体,国旗下方有天安门,但不要成为天安门的风景画,若如此则失去了国徽的意义。用天安门图案必须把它程式化,而绝不是风景画。

(2)国徽不能像商标,国徽与国旗不同,国旗是什么地方都可以挂的,但国徽主要是驻国外的大使馆悬挂,绝不能让它成为商标,有轻率之感。

(3)欧洲十七八世纪的画家开始用花花带子,有飘飘然之感,但国徽必须是庄严的,最好避免用飘带,颜色也不宜太热闹庸俗,否则没有庄严感。

(4)要考虑到制作,太复杂的图案在雕塑上不容易处理,过多的颜色大量制作时技术上也存在困难,十几种乃至几十种颜色无法保证它制作时每次都绝对的相同。

经过讨论他们决定放弃用多种色彩绘制图案,转而采用我国人民千百年来传统喜爱的金红两色。这是我国自古以来象征吉祥喜庆的颜色,用于国徽,不仅富丽堂皇,庄严美丽,而且醒目大方,具有鲜明的民族特色。全国政协通过了梁思成等人设计的国徽方案。

1949年9月30日,全国政协一致通过建造人民英雄纪念碑的提案,并通过了碑文,对于纪念碑的设计梁思成同样强调要有民族特色。在1951年他写给彭真市长的信中,就以他对建筑工程和美学的认识作了详尽的阐述。这是一篇极精湛的设计理论短文①。1952年人民英雄纪念碑兴建委员会成立,彭真任主任,梁思成、郑振铎为副主任,梁思成兼建筑组组长。现在的人民英雄纪念碑就是依据梁思成的方案建造的。

① 梁思成1951年致彭真信请参阅《梁思成全集》第五卷或《梁思成、林徽因与我》P195,林洙著,清华大学出版社出版。

不被认可的梁陈方案

20世纪20年代当梁思成尚在欧美学习游历时就注意到欧美各大城市由于资本主义的盲目发展,造成城市惊人的拥挤、环境污染、城市区域紊乱、交通阻塞、贫民窟滋生种种弊病。他认为当前正是我们国家由农业国走向工业化之时。他提醒大家,"今日欧美无数市镇因在工业化过程中任其自由发展,所形成的紊乱与丑恶的形体,正是我们的前车之鉴。"

1949年5月,梁思成被任命为北平都市计划委员会副主任。他认为北京作为新中国的首都,应当是全国的神经中枢,是政治中心、文化中心。首先要解决的是中央人民政府行政区的位置,作为现代的政府机构已不是封建帝王的三省六部时代。现代的政府是一个组织繁复,各种工作有分合联系的现代机构。这些机构总起来约需要六至十几平方公里的面积。这样庞大的机构没有中心布局显然是不适当的,而市内已没有足够的空地。北京的居民所应有的园林绿化游憩面积已经太少。如果再将中央政府的机构分散错杂在全城,将不合时代要求。

北京是一个极年老的旧城,却又是一个极年轻的新城。北京曾经是显示封建帝王威严的所在,又曾经没落到只能引起无限"思古幽情"的城苑,而现在它正生气勃勃地迎接社会主义曙光。我们怎样保护北京固有的风貌才不致使它受到不可补偿的损失,才能完成历史赋予它的新中国首都的使命?这是梁思成在1949~1953年为之奔走的课题。

梁思成认为在规划改建旧城的时候,历史形成的城市基础,是决定城市面貌的重要因素之一。历史形成的城市基础,从平面上说是街道和广场网,从立体上说就是城市里对于城市面貌起决定性作用的旧有建筑——即富有历史和艺术价值的古建筑,应尽量保存下来,把它们有机地组织到城市规划里去。这样既丰富了城市的生活,也保存了古城的风貌。

他强调北京的历史价值说，北京城的"历史文物建筑"无疑比中国乃至全世界任何一个城市都多。它的整体城市格式和散布在全城大量的文物建筑群就是北京的历史艺术价值的体现。它们是构成北京城市格式整体的一部分，不可分离的一部分。它完整地体现了封建社会的政治、经济、文化和思想，是一个封建社会的大陈列馆。他认为北京是历史名城，对北京的建设要以"古今兼顾，新旧两利"为原则。

他对北京的规划思想，是对北京整体环境的保护。可以说他是最早用整体的眼光，从城市规划的角度去认识和分析北京古城的历史文化价值和感情价值的特点的学者。

他与陈占祥共同拟了一个《关于中央人民政府行政中心区位置的建议》（这个建议反映了梁思成对北京总体规划的设想）。建议将中央行政中心设在月坛以西公主坟以东的位置。

但是这个方案没有被最高领导赏识，也受到了苏联专家的反对。

新中国成立初期梁思成与北京市领导人争论得最激烈的问题，就是如何保护北京市的古建筑，尤其是对北京城墙城楼废存问题的争论。并且不断地向北京市的有关领导人说："我们将来认识越提高，就越知道古代文物的宝贵，在这一点上，我要对你进行长期的说服。""五十年后，有人会后悔的。"

1953年北京市委成立了一个规划小组，由市委领导同志直接主持工作，地点设在动物园畅观楼。1955年北京市都市规划委员会成立，原北京都市计划委员会撤销。梁思成虽然一直在都市规划委员会挂个名，实际上他不再具体过问北京市总体规划的工作。

梁思成常常对学生们说："古建筑绝对是宝，而且越往后越能体会它的宝贵。但是怎样来保护它们，就得在城市的总体规划中把它有机地结合起来，不能撞到谁，就把谁推倒，这是绝对不行的。古建筑是这样，对城市也是一样，对北京这样的文化古城，这样来用它是不行的，将来会有问题的。城市是一门科学，它像人体一样有经络、脉搏、肌理，如果你不科学地对待它，它会生病的。北京城作为一个现代化的首都，它还没有长大，所以它还不会得心脏病、动脉硬化、高血压等病，它现在只会得些孩子得的伤风感冒。可是世界上很多城市都长大了，我们不应该走别人走错的路，现在没有人相信城市规划是一门科学，但是一些发达国家的经验是有案可查的。早晚有一天，你们会看到北京的交通、工业污染、人口等等会有很大的问题。我至今不认为我当初对北京规划的方案是错的（指《关于中央人民政府中心区位置的建议》）。只是在细部上还存在很多有待深入解决的问题。"

梁思成之所以能这样坚持古建保护的意见，并非像某些人所认为的"怀古"和"复古"。而是因为他在20世纪30年代就走向了文物建筑保护的科学理论。在他的第一篇古建调查报告中就提出了古建保护法的几点重要意见：

第一，他认为，"保护之法，首须引起社会注意，使知建筑在文化上之价值，……是为保护之治本办法。"古建筑保护要靠人民的认识。

第二，他认为，"古建保护法，尤须从速制定、颁布、施行……古建保护要立法，政府应当切实负起保护古建筑的责任来。"

第三，主持古建修葺及保护的，"尤须有专门知识，在美术、历史、工程各方面皆精通博学，方可胜任"，即古建保护工作要有训练有素的专家参与或主持。

梁思成说的这三条：宣传、立法、专家负责，在世界各国都是作为文物建筑保护的基本工作来做的。他的这些观点是1964年通过的世界文物建筑保护的权威性规范《威尼斯宪章》的基本思想，现在已被国际文物保护界广泛接受。

梁思成之所以能在20世纪30年代就走向了文物建筑保护的科学理论，是因为他眼界开阔，很熟悉当时世界的学术潮流。在1930年关于蓟县独乐寺的文章里，他提到了意大利教育部关于"复原"问题的争论，知道日本的有关理论和政府的工作情况。在1948年的文章里，他提到了意、英、美、法、苏、德、比、瑞典、丹麦、挪威等许多国家。人如果眼界宽，知识就丰富，思想就活跃。没有国际交流，任何一个国家在任何一个领域里都不可能赶上世界前进的步伐。梁思成正是用世界的先进思想武装了自己，成为中国古建筑保护的先驱。

梁思成在古建保护方面不仅是理论上的贡献，他还先后两次编定了《战区文物保存委员会文物建筑目录》及《全国重要建筑文物简目》，在目录中详细列出需要保护的文物建筑。值得注意的是在1945年的目录中列出了上海徐家汇天主教堂。

直到20世纪80年代我国才在国家文物局及建设部联合举办的会议上提出了保护近现代优秀建筑的决定。而梁思成早于20世纪40年代就将徐家汇天主教堂列入了保护名单。他是我国第一个重视保护近现代建筑的学者。

批 判

梁思成始终坚定地认为建筑是民族文化的结晶，是民族文化的象征。因此他认为，在中国人民面前摆着一个重大的任务，那就是怎样创造中国的"民族形式"的新建筑。1951~1954年他发表了一系列文章来宣传苏联的经验——"民族形式"的理论。

但新中国成立前的大多数大学的建筑教育基本放弃了中国传统建筑的教学，几乎完全模仿欧美的建筑体系。而且多少年来由于民生凋敝，根本没有盖过多少房子，从而也就不可能有机会在现代建筑中去探索民族风格，从中取得成功的经验。因而20世纪50年代初，当建筑活动在全国范围内迅速而大量出现，经过正规训练的建筑师严重不足，设计任务又十分紧迫的情况下，在学习苏联"民族形式"、"先进经验"的号召下，建筑师们一时纷纷模仿中国传统宫殿式建筑来设计新的建筑,这是难以避免的事。尽管梁思成曾强调"要尽量吸收新的东西来丰富我们的原有基础",不要"抄袭"和"模仿",但是由于当时没有也不可能有正面的成功模式可供大家借鉴,建筑师们包括梁思成自己都还处在一种探索的起始阶段,从而导致仿古建筑,即所谓的"大屋顶"风行一时,遍布全国。

梁思成对这许许多多的仿古作品并不满意,但他认为"我们的新建筑还在创造和摸索的过程中……所以要马上就理解得很好,做出高水平的作品是很难的,乃至是不可能的。只要设计者在他的作品中表现出他的努力或愿望……""这种努力是中国精神的抬头,实有无穷意义"。因此他还是肯定了这种探索精神,他深信,"几年之后","我的真理将要胜利"。

梁思成为什么会这么执著地坚持建筑的民族风格?这是与我国近百年的历史分不开的。20世纪30年代初,正是西方现代主义建筑传入中国之时,也是中国内忧外患最为深重之时,"统一"与"救亡"成为这时期思想领域的两大倾向。这种倾向强调"国家至上"、"民族至上"。在建筑中强调中国固有的民族风格,"以西洋物质文明发扬我国固有文艺之真精神","融合东西建筑之特长,以发扬吾国建筑物之固有色彩",也成为此时建筑界人士孜孜以求的理想和目标,这也是梁思成追求的目标。

1955年2月建筑工程部召开了"设计及施工工作会议"。各报陆续揭发了近几年来基本建设中的浪费情况和设计中导致浪费严重的"复古主义"、"形式主义"的偏向。与此同时,在全国范围内开始了对"以梁思成为代表的资产阶级唯美主义的复古主义建筑思想"的批判,还在颐和园畅观堂成立了一个批判梁思成的写作班子。批判组共写了一百多篇批判文章,连清样都打好了。北京市委开了好多次讨论会,周扬同志也参加了。周扬同志有很深的美学造诣,他说:"马列主义最薄弱的环节是美学部分,中国对马列主义美学的研究更少，你们写了这些文章连我这个外行都说不服，怎么能说服这样一个老专家呢？关于民族形式，原来有的东西就有民族形式的问题，原来没有的就没有民族形式的问题。建筑在我们国家发展了几千年，当然有民族形式的问题。建筑肯定是有民族形式的问题，批判的文章，我的意见还是不要发表。我们只能批判浪费。"梁思成在运动之初不同意这些批判，但在他学习了"设计及施工工作会议"的文件之后，他承认建筑界的"唯美主义"、"复古主义"的设计偏向，他有一定的责任，但是他保留自己的学术观点。

对于"大屋顶"的批判，至今学术界仍存在各种不同的看法，这是一个沉重又复杂的话题，不是这篇短文所能解决的。也许现在做出结论还为时过早。当今科学技术飞速发展的信息时代，各种新技术很快就会传遍全球，建筑的民族形式是否也会随着建筑的新材料新技术的飞速发展而消失呢？但是另一方面看看天安门、人民大会堂和法国人设计的半个球扣着的大剧院，人们又会有怎样的感受呢？我想历史会做出回答。

拼命向前

梁思成虽然受到批判，但他并不气馁。经过1955~1959年的实践，怎样在新建筑中表现我们民族的精神这一问题，又提到日程上来。在建筑创作上出现了一系列有待解决的理论问题。1959年3月建筑学会决定把总结各地重点工作经验（即十年大庆的重点工程）作为主要的内容，讨论在建筑创作上出现的各种问题，并于当年6月在上海召开"住宅建筑标准及建筑艺术问题座谈会"。由于1955年对梁思成的批判，所以全国的目光都集中在他身上。是保持沉默停止前进，还是敷衍潦草不说真话？这些他都办不到。他阐明了对传统与革新的看法，提出"新而中"的创作论点。1961年又在这一基础上写了《建筑创作中的几个问题》（在这篇文章中梁思成除了谈到建筑的艺术特性、传统与革新等问题外，还把继承遗产概括为"认识——分析——批判——继承——革新"这样一个过程）。他说："如果一定要用简单的语言表达我的建筑观，那么仍旧是我在《拙匠随笔》中说的，即建筑学是包含了社会科学与技术科学及美学的、一门多种学科互相交叉、渗透的学科。"

1961年在梁思成登桂林叠彩山时作的游戏诗，充分表达了他这时期的心情：

登山一马当先，岂敢冒充少年。

只因恐怕落后，所以拼命向前。

1961年他决定将自己几十年研究《营造法式》的成果整理发表（包括注释及图解）。他开始了《营造法式注释》的写作，为了更多地将这方面的知识传授给年轻人，他还吸收了三个年轻教师组成了研究小组。该书在1966年基本完稿。因"文革"而延误出版，直到20世纪80年代才发表了上集，到2001年才在《梁思成全集》中发表了全文。

在整理《营造法式注释》的工作时他已开始准备下一步的计划：一、重写1944年完成的《中国建筑史》。二、写一本《中国雕塑史》。他于1930年曾在东北大学时讲授"中国雕塑史"这门课，但那时他还没有去过龙门、云冈等处。到了20世纪30年代～40年代他调查了大半个中国，研究了无数的雕像，去了龙门、云冈等地及四川大量的摩崖石刻，对中国的雕塑艺术作了系统的研究，并有了他自己独到的见解，所以他在美国的讲座会那么成功。因此他在1947年回国时就曾对他的挚友陈植说准备写一本《中国雕塑史》。可惜，这个愿望始终未能实现。三、运用唯物主义辩证法的观点写一本有关建筑理论方面的书。他说大文章一时写不出来，也不知从何下手，准备从一个一个小问题来写，最后串成全书。《拙匠随笔》就是这个计划的产物。1961年已经在《人民日报》上陆续发表了5篇，受到了广泛的欢迎。周恩来总理也曾对他说：听说你最近写了几篇好文章。除已发表的外，他还准备写以下的内容：

怎样研究建筑史

欲神似必先形似——欲革新必先学习

考古学与建筑史的关系

形式与内容

营造法式与工程做法

独善其身与兼善天下

标准构件与装配式建筑

小处着手

建筑中的真与假

建筑中的"省"

虚假装饰建筑的阶级性

锦上添花与画蛇添足

西而古与中而新

1962年发表了最高指示"阶级斗争要年年讲，月月讲，日日讲"，于是《人民日报》也就不再刊载《拙匠随笔》。

1946～1947年梁思成正值45岁的壮年时期，但是他的学术水平已达到了国际领先的地位，按说他应当在学术上做出更大的贡献。他对宋《营造法式》及中国雕塑史的研究已经成熟，本应及早将它们整理成文，可悲的是1949年以后尽管给了他一大堆很高的头衔，但是过多的送往迎来，过多的社会活动，过多的思想改造运动，迫使他停滞不前。等到他觉悟过来，想拼命向前之时又逢"文化大革命"，他带走了他的智慧及未完成的学术成果，造成了不可挽回的损失。如果要从梁思成本身来找原因的话，正如他在1968年说的新中国成立后自己的虚荣心发展了。如果问他一生中最痛苦的是什么？不是那些污辱、鞭打与谩骂，而是在他生命的最后一刻，他没有完全按照自己毕生的做人原则说出真话。

纵观梁思成的一生，他为祖国献出了毕生的精力、智慧和才华。虽然他没有扛起枪干革命、去杀敌人，但他仍不失为一个高尚的人、无私的人。如果说1962年我同思成结婚后，由于我们在年龄、学识和生活经历上的差异，许多人不理解也不赞成我们的婚姻，如果说在巨大的社会舆论压力下我多少感到过惶惑的话，那么，几年的共同生活已使我更了解他，更认识他的价值。我庆幸自己当年的决定，并感谢上苍为我安排了这样一个角色。我在那惊慌恐怖的日子里，感受到幸福与骄傲、安慰与宁静。

林 洙

图书在版编目（CIP）数据

佛像的历史／梁思成著；林洙编. —北京：中国青年出版社，
2010.4（2024.12重印）
ISBN 978-7-5006-9253-9

Ⅰ.①佛… Ⅱ.①梁… ②林… Ⅲ.①佛像：雕塑像－简介－中国
Ⅳ.①K879.3

中国版本图书馆CIP数据核字（2010）第053260号

责任编辑：王飞宁
书籍设计：瞿中华

出版发行：中国青年出版社
社　　址：北京东四十二条21号
网　　址：www.cyp.com.cn
编辑中心：010-57350501
营销中心：010-57350370
经　　销：新华书店
印　　刷：北京科信印刷有限公司
规　　格：700mm×1000mm 1/16
印　　张：20
字　　数：150千字
版　　次：2010年6月北京第1版
印　　次：2024年12月北京第16次印刷
印　　数：60001—64000册
定　　价：49.00元

如有印装质量问题，请凭购书发票与质检部联系调换
联系电话：010-57350337